Zimmerbonsai

KOSMOS

Horst Stahl/Helmut Rüger

Zimmerbonsai

KOSMOS

Inhalt

Gestaltung

Baumkunstwerke für die Wohnung

In einem japanischen Landschaftsgarten sind alle Bäume gestaltet. So wird auf engstem Raum ein großer Naturausschnitt dargestellt.

Nachdem über Jahrhunderte Bäume der gemäßigten Breiten zu Bonsai gestaltet wurden, werden seit einigen Jahrzehnten auch tropische Bäume zu Miniatur-Baumkunstwerken geformt.

Die lange Geschichte der Bonsai-Kunst hatte ihren Anfang im kaiserlichen China. Hier entwickelte sich aus der chinesischen Gartenbaukunst die Tradition, Pflanzen auch in Töpfen zu präsentieren. Eine erste schriftliche Erwähnung des Begriffes Bonsai finden wir in der Ode „Heimkehr" von T'ao Yuan-ming (427 bis 365 n. Chr.). Darin verwendete er die chinesischen Schriftzeichen „pen" (bon) und „tsai" (sai), um die Schönheit der wilden Chrysanthemen zu preisen. Die ältesten Abbildungen von Bonsai stellen Wandmalereien im Grabmal des Prinzen Chang Huai dar, welches 706 n. Chr. erbaut wurde.

In Japan finden wir erst in dem Buch „Natürliche Methoden des figurativen Malens" aus dem 14. Jahrhundert eine Bonsai-Abbildung. In der Mitte des 18. Jahrhunderts wurden in Japan die verfeinert gestalteten Bonsai-Formen entwickelt, die wir heute kennen. Bis zu dieser Zeit wurden fast ausschließlich verholzende Pflanzen verwendet, die den für die gemäßigten Breiten typischen Jahreszeitenwechsel durchmachen.

Erst mit der Verbreitung der Bonsai-Kunst über den ganzen Erdball begannen in tropischen Ländern Bonsai-Freunde ihre heimischen Pflanzen zu Bonsai zu gestalten. Als Zimmer-Bonsai werden Baumarten aus tropischen und subtropischen Klimaregionen neben den traditionellen Freiland-Bonsai nun auch in Europa verwendet.

Alte Sageretie mit imposantem Wurzelansatz

Der Granatapfel, hier zu Beginn der Blütezeit, bildet nach einigen Jahren recht dicke Stämme aus.

Bonsai – Einheit aus Baum und Schale

Die Schale ist in der Bonsai-Gestaltung viel mehr als der bloße Aufbewahrungsort für den Baum. Erst die richtig gewählte Schale macht aus dem gestalteten Baum einen Bonsai.

Die beiden japanischen Schriftzeichen „bon" für Baum oder Pflanze und „sai" für Schale verschmelzen zu dem Begriff Bonsai. Mit der Formung des Baumes oder der Landschaft legt der Gestalter gleichsam die Art der Schale fest. Je nach Stilrichtung und Baumart wird eine ganz bestimmte Schalenauswahl vorgenommen. Baum und Schale in einem Bonsai-Kunstwerk lassen sich gut mit dem Zusammenspiel eines Gemäldes und dessen Rahmen vergleichen. Der angemessene Bilderrahmen rückt das Gemälde für den Betrachter in das rechte Licht.

Ist ein Baum jung und muss noch zum Bonsai erzogen werden, kann er ruhig in einer weniger geeigneten, überdimensionierten Schale gepflegt werden. Hier kann sogar eine etwas größere Schale einen besseren Zuwachs bedeuten und die Erziehungszeit zum Bonsai deutlich verkürzen. Ist der Bonsai weitestgehend gereift, wird er in eine der Gestaltung angemessene, ausgewogen proportionierte Schale umgesetzt.

Die Gestaltungsvorbilder liefert die Natur

Soll ein Bonsai gestaltet werden, sind einige wichtige Vorüberlegungen zu berücksichtigen.

Zunächst sollte der Baum so geformt sein, dass er überzeugend einen großen Baum in der freien Natur miniaturisiert darstellen kann. Naturgemäß liefert uns hierbei die Naturbetrachtung die Vorbilder für die Gestaltung.

Da es sich bei Bonsai nicht um speziell gezüchtete Pflanzenarten handelt, sind grundsätzlich viele verholzende Pflanzenarten für die Bonsai-Gestaltung geeignet. Für die Auswahl kommen hierbei Arten in Frage, die entweder von sich aus kleine Blätter haben oder deren Blätter durch gärtnerische Techniken verkleinert werden können. Bei blühenden und fruchtenden Arten müssen diese Merkmale von Natur aus klein sein, da sich Blüten und Früchte durch die Bonsai-Techniken nicht verkleinern lassen.

Bei der Wuchsform ist man nicht auf Zwergformen angewiesen, da jede Pflanzenart eine gewisse Bandbreite in der Wuchshöhe aufweist.

Ein ruhiger Hintergrund bei der Präsentation lässt den Bonsai wirken. In Japan präsentiert man Bonsai in einer Tokonoma (Schmucknische).

Die Grundstilarten

In der Bonsai-Kunst haben sich nach dem Vorbild der Natur im Laufe der Jahrhunderte bestimmte Gestaltungsformen entwickelt, die Grundstilarten. Die auch bei uns üblichen Gestaltungsformen haben die japanischen Bonsai-Künstler innerhalb der letzten 200 Jahre immer weiter verfeinert. Die Grundstilarten sind bei der Gestaltung von Bonsai als Vorschläge und nicht als Diktat zu werten.

Lässt man einen Baum einfach wachsen, so entwickelt er im Laufe der Jahrzehnte eine Form, die in seinem Erbmaterial festgelegt ist. Für jede Baumart ist die Form arttypisch und prägt sich je nach Standort und Klimaverhältnissen innerhalb einer gewissen Variationsbreite unterschiedlich aus.

Bei den Bonsai bestimmen wir die Bedingungen, unter denen sich der Baum entwickelt. Die Reifung des Baumes zum imposanten Baumveteranen vollzieht sich in der Natur teilweise über viele Jahrzehnte. Unter unserer Obhut reift der „Baumveteran im Miniatur-Format“ durch gezielte Förderung schon in weni-

Miniaturbonsai, bis etwa 15 cm Höhe, werden auf Ausstellungen in einem speziell gefertigten Regal ausgestellt. Die Einzelbonsai müssen miteinander harmonieren.

Bei der frei aufrechten Form windet sich der Stamm in sanften Schwüngen, die immer weniger ausladend werden, vom Wurzelhals bis zur Spitze.

gen Jahrzehnten heran. Der Bonsai-Künstler muss sich bemühen, das in dem Baum schlummernde Gestaltungspotenzial zu erkennen und durch geeignete Maßnahmen in die richtige Richtung weiterzulenken. Die angestrebte Form sollte der jeweiligen Baumart entsprechen und diese möglichst natürlich darstellen. Als Anregungen dienen hierbei die so genannten Grundstilarten der Bonsai-Kunst. Sie helfen beim Finden der richtigen Form für den jeweiligen Baum, sollten ihm aber nicht formalistisch aufgezwungen werden.

Die frei aufrechte Form

Wie der Name schon sagt, weist der Stamm sanfte Biegungen auf, die von unten nach oben immer weniger ausladend sind. Die Stammbiegungen sollten hierbei nicht nur zu den beiden Seiten, sondern auch nach vorn und hinten gehen. Die Krone liegt im Lot über dem gut sichtbaren Stammfuß und neigt sich ganz leicht nach vorn. Dadurch öffnet sich der Baum dem Betrachter.

Die dickeren Äste entspringen an den Außenseiten der Stammbiegungen, nehmen die Stammbewegungen auf und führen sie in horizontaler Richtung bis in die feinsten Verzweigungen fort. Der unterste Ast, auch Hauptast genannt, entspringt im unteren Stammdrittel der ersten Stammbiegung und führt zu einer der beiden Baumseiten hin. Der zweite Ast entwickelt sich aus der zweiten Stammbiegung auf der gegenüberliegenden Stammseite. Der dritte Ast zeigt vom Betrachter aus gesehen nach hinten und gibt der Gestaltung Tiefe.

Diesem Dreiklang folgen alle weiteren Äste bis zur Spitze des Baumes hin. Gleichzeitig werden die Abstände zwischen den Ästen immer geringer. Von oben auf den Baum geschaut, überdecken sich keine Äste. Die Silhouette des Baumes bildet ein ungleichschenkliges Dreieck, wobei die Spitzen des untersten Astes, des zweiten Astes und der Krone die Eckpunkte des Dreiecks bilden.

Als Schalen wählen wir flache ovale oder rechteckige Formen, deren Breite zwei Drittel der Baumhöhe entsprechen sollte. Die Höhe des Schalenrandes entspricht dem Durchmesser des Stammes an der dicksten Stelle. Die Stellung des Baumes in der Schale liegt zwei Drittel von einem Schalenrand entfernt und kurz hinter der Schalenmittellinie.

Die streng aufrechte Form ist durch einen geraden Stamm gekennzeichnet. Die Baumsilhouette bildet ein ungleichschenkliges Dreieck.

Bei der Besenform teilt sich die Krone nach etwa einem Drittel der Gesamthöhe in viele Äste auf.

Der kleinblättrige Ficus stellt die Besenform sogar als Mini-Bonsai in idealer Weise dar.

Die streng aufrechte Form

Aus einem sternförmig angeordneten Wurzelhals entwickelt sich ein bis zur Baumspitze möglichst vollkommen gerader Stamm. Wie bei der frei aufrechten Form verjüngt sich der Stamm gleichmäßig vom Wurzelansatz bis zur Spitze.

Das untere Drittel des Stammes trägt keine Äste. Der unterste Ast, der Hauptast, zeigt zu einer der beiden Stammseiten. Die anderen Äste folgen dem Muster der frei aufrechten Form. Im Gegensatz zum Stamm sind bei den Ästen leichte, aber markante Biegungen erlaubt. Von unten nach oben werden die Äste dünner, kürzer und weniger verzweigt. Wieder bildet die Baumsilhouette ein ungleichschenkliges Dreieck.

Für die Schalenauswahl gelten dieselben Kriterien wie für die frei aufrechte Form.

Die Besenform

Der gerade Stamm löst sich nach dem ersten Drittel der Baumhöhe in viele reich verzweigte Äste auf, die eine schirmförmige Krone bilden. Die Krone bildet wie bei einem Laubbaum in freiem Stand fast eine Halbkugel und macht etwa zwei Drittel der Baumhöhe aus. Wieder entwickelt sich der Stamm aus einem sternförmig angeordneten Stammfuß. Ohne diesen gut ausgebildeten Stammfuß wirkt der Baum wie ein mit dem Stiel in den Boden gesteckter Reisigbesen.

Bei der Pflege einer Besenform ist es wichtig, dass nicht ein einzelner neuer Trieb lang auswachsen darf. Hier besteht die Gefahr, dass sich der Ast überproportional verdickt und damit nicht mehr in das harmonische Gesamtbild der Besenform passt.

Als Gefäße wählen wir wieder flache ovale oder rechteckige Schalen aus. Ihre Proportionen werden wie bei der frei aufrechten Form bestimmt.

Die tiefe Schale stellt bei der Kaskade ein Gegengewicht für den tief hinabreichenden Leittrieb dar.

Die Kaskade

Im Hochgebirge oder an einer Steilküste kann ein Baum durch einen Erdrutsch aus seiner Balance gedrückt werden, ohne dass er dabei entwurzelt wird. Die Krone weist nun nach unten, die Steilklippe hinab. Um das Gleichgewicht wieder zu erlangen, baut der Baum häufig aus einem Nebenast eine neue, verkleinerte, senkrecht nach oben wachsende, meist flache Krone auf. Die Hauptbewegungsrichtung der Kaskade führt über den Schalenrand in die Tiefe. Sie sollte dabei über die Schalenbasis hinabreichen. Die Anordnung der Äste gleicht grünen Stufen, wobei die Stamm- und Astbiegungen leichte S-förmige Schwünge aufweisen. Die Laubpolster weisen von der Schale weg nach außen und sollten wohlstrukturiert sein. Die neue, meist schirmförmige, niedrige Krone erhebt sich über der ersten starken Stammbiegung.

Als Pflanzenarten kommen nur langsam wachsende Arten in Frage, will man den Baum nicht ständig eingedrahtet haben, denn die grundsätzliche Wuchsrichtung neuer Triebe geht senkrecht nach oben.

Als optisches und tatsächliches Gegengewicht für die in die Vertikale weisende Baumform benötigen wir eine recht tiefe Schale. Sie sollte entweder kreisrund, quadratisch oder mehreckig sein. Der Schalendurchmesser entspricht ungefähr dem Fünffachen des Stammdurchmessers. Genau in die Mitte der Schale gepflanzt, führt die Kaskade bei eckigen Schalen über eine der Schalenseiten in die Tiefe. Die Halbkaskade erreicht nur die Schalenbasis.

Wegen des sparrigen Wuchses des Fukien-Tee müssen die Triebe sehr sorgfältig beschnitten werden. Die klare Struktur einer Kaskade ist hier gut zu erkennen.

Gruppenpflanzungen

Auch die Darstellung von kleineren Gehölzgruppen bis hin zu großen, undurchdringlichen Wäldern ist in der Bonsai-Kunst sehr beliebt. Für alle Gruppen von Bäumen gelten einige Grundsätze:

- Man verwendet nur Bäume derselben Art. Mischgehölze sind häufig schwieriger zu pflegen, da die einzelnen Baumarten unterschiedliche Bedürfnisse haben können.
- Um Symmetrie zu vermeiden, wählt man eine ungerade Anzahl von Bäumen aus. Die Höchstzahl wird lediglich durch die Größe der Schale begrenzt.
- Die Bäume werden so ausgewählt, dass sie sich in Stammdicke und -höhe unterscheiden. Der höchste Baum, der Hauptbaum, sollte hierbei auch der dickste sein. Die anderen Bäume folgen in entsprechenden Proportionen.
- Sehr flache und großflächige Schalen oder andere Pflanztabletts sind besonders gut für diese Stilarten geeignet.

Mehrfachstämme

Bei Mehrfachstämmen handelt es sich um eine der Stilarten, bei denen mehr als ein Stamm aus einem Wurzelballen wächst. Bei diesen Stilarten gelten für das Arrangieren der miteinander verbundenen Stämme dieselben Kriterien wie für die Waldform.

Ein Wurzelbereich – mehrere Stämme

Waldpflanzungen

Bäume verschiedener Dicke und Höhe bilden einen Wald.

In diesem Beispiel bilden elf Bäume einen geschlossenen Wald. Der Hauptbaum steht etwas mehr als ein Drittel von der rechten Schalenseite entfernt. Etwas weiter rechts sehen Sie den ersten Nebenbaum (zweitdickster Baum). Er steht kurz vor der Schalenmittellinie, während der Hauptbaum hinter der Mittellinie steht. Der zweite Nebenbaum (drittdickster) steht links vom Hauptbaum und stärker im Vordergrund als der erste Nebenbaum. Die Verbindungslinien der drei Hauptbäume bilden von oben betrachtet ein ungleichschenkliges Dreieck. Die weiteren Bäume sind nun so gesetzt, dass einige der kleineren Bäume sich im Hintergrund befinden und so der Gestaltung Tiefenwirkung verleihen. Beim Arrangieren der Bäume ist darauf zu achten, dass niemals drei oder mehr Bäume in einer Reihe stehen.

Man spricht von der **kriechenden Form**, wenn aus den weit unten ansetzenden Ästen eines Baumes durch Bodenkontakt bewurzelte Stämme wurden, die weiterhin mit dem Ursprungsbaum verbunden bleiben. Die **Floßform** entwickelt sich aus einem umgestürzten Baum, dessen ehemalige Äste zu neuen Stämmen herangewachsen sind. Der ehemalige Stamm bildet nun die verbindende „Wurzel".
Bei der **Landschaftsform** kombiniert man die Bäume mit eindrucksvollen Steinen, die Felsen darstellen.

Die abgeleiteten Grundstilarten

Neben den eben genannten Stilarten gibt es viele abgeleitete Grundstilarten. Hier sollen nur einige Beispiele genannt werden:
Bei der **Literatenform** versucht der Gestalter, einen in Askese lebenden Gelehrten darzustellen. Der schlanke Stamm mit den wenigen mäßig belaubten Ästen und der ausgeprägten Krone vermag die Zurückgezogenheit des Gelehrten gut zu vermitteln.
Die **gelehnte Form** leitet sich entweder von der frei aufrechten oder der streng aufrechten Form ab. Hier hat der Stamm eine Neigung zwischen 11° und 45° gegenüber der Erdoberfläche. Die Äste sind so gestaltet, dass sie dem Baum seine Stabilität wiedergeben.
Mit der **windgepeitschten Form** empfindet der Gestalter eine Szenerie in windexponierter Lage nach. Stamm und Äste weisen in die dem Wind abgewandte Richtung.
Die **Felsenpflanzungen** schließlich stellen einen Baum dar, der auf einem Felsen keimte und mit seinen Wurzeln diesen umschließt. Die Erosion hat im Laufe der Jahrzehnte die Erde von den dicken Wurzeln abgewaschen und sie damit freigelegt. Die den Baum versorgenden Wurzeln streben an der Felsenbasis ins Erdreich.
Mit den **Mame-Bonsai** wird die Miniaturisierung besonders extrem: Alle vorher genannten Stilarten können auch eine Reduzierung auf bis zu 20 cm Maximalhöhe erfahren und immer noch natürlich wirken. Hier werden an das gestalterische und pflegerische Können besonders hohe Anforderungen gestellt.

Ein schlanker Stamm kennzeichnet die Literatenform.

Gelehnte Form: Der Stamm neigt sich zu einer Seite. Die Wurzeln sind auf dieser Seite stärker ausgeprägt.

Felsenpflanzung: Die Wurzeln umklammern den Felsen.

Eigene Baumkunstwerke schaffen

Die ersten Bonsai werden meistens gekauft, oder man bekommt einen geschenkt. Je nach Preislage haben die Bonsai in der Regel auch eine sehr unterschiedliche Qualität.

Die häufig noch sehr einfach gestalteten Bäumchen der unteren Preiskategorie tragen nicht selten das Potenzial in sich, ein guter Bonsai zu werden. Mit der Zeit werden die meisten Bonsai-Freunde zumindest erahnen, dass an dem Bäumchen noch Veränderungen vorgenommen werden müssten, es Ihnen aber noch an Mut fehlt, die erforderlichen Gestaltungseingriffe vorzunehmen. Wir sagen Ihnen, wie Sie die Verbesserung gezielt steuern können.

Bei den meisten Bonsai-Freunden kommt aber auch irgendwann der Wunsch auf, einen Bonsai aus einer normalen Gartencenter-Pflanze selbst zu gestalten. Auch hier helfen wir Ihnen weiter.

Die nachfolgenden Tipps beziehen sich zwar in erster Linie auf die Umgestaltung einer Gartencenter-Pflanze zum Bonsai. Die beschriebenen Techniken dienen aber auch der Steuerung eines gekauften, noch verbesserungswürdigen Bonsai.

Der richtige Bonsai-Kandidat im Gartencenter

Die Pflanzen, die Sie sich aussuchen, sollten folgende wichtige Voraussetzungen mitbringen:

- Der Stamm sollte mehr als Bleistiftstärke haben, wenn man einen Einzel-Bonsai gestalten will.
- Der Baum sollte reich verzweigt sein, damit die Möglichkeiten der Gestaltung nicht eingeschränkt werden.
- In etwa ein Drittel der Baumhöhe sollte die Verzweigung mit möglichst dicken Ästen beginnen. Hier liegt der erste Hauptast.
- Der Wurzelballen sollte kompakt und reich verzweigt sein. Nur so verkraftet der Baum die deutlichen Eingriffe in seine Form.
- Wichtig ist ein guter Wurzelansatz mit vielen sternförmig vom Stamm wegstrebenden dickeren Wurzeln. Häufig findet man solche Wurzeln etwas tiefer in der Erde. Beim Einsetzen in die Bonsai-Schale muss dieser Wurzelansatz sichtbar sein.

1

Als Rohbonsai in einer Spezialgärtnerei vorgezogen, bietet der junge Ficus viele Gestaltungsmöglichkeiten. Wir wollen eine Besenform formen.

2

Der unterste Ast hat einen zu großen Abstand zu den anderen Ästen, die die Krone der Besenform bilden sollen und wird entfernt.

Wachsen-lassen-und-Schneiden-Methode

Durch geeignete Schnittmaßnahmen kann man die Entwicklung eines Bonsai nachhaltig steuern.

Astdicken und Stammdicke sollten in den richtigen Proportionen zueinander stehen. Manchmal ist dieses Verhältnis nicht gerade ideal, da die Äste zu dünn sind. In solch einem Fall lässt man die neuen Triebe lang auswachsen. Je höher die Blattmasse an einem Zweig ist, umso größer ist die Menge der bei der Fotosynthese anfallenden Baustoffe. Ist ein gewisses Maß an Dickenwachstum erreicht, werden die langen Triebe sehr stark zurückgeschnitten. Ist der Dickenzuwachs noch nicht ausreichend, lässt man die nachfolgenden Triebe wieder lang auswachsen und schneidet nach einiger Zeit wieder stark zurück.

Das kann man mehrere Male hintereinander machen, bis die gewünschte Dicke erreicht ist.

Nun ist das Ziel, wieder eine feine Verzweigung aufzubauen. Dabei kann ein vollständiger Blattschnitt hilfreich sein. Hierzu schneidet man alle Blattflächen ab und lässt nur die Blattstiele stehen. Nachdem die Blattstiele abgetrocknet sind, treibt die Pflanze aus den meisten Achselknospen neu aus, und wir können die feine Verzweigung entwickeln. Dieser Neuaustrieb zeigt nicht nur kleinere Blätter, die Abstände zwischen Blättern werden häufig auch geringer.

Ein kompaktes Wachstum des Bonsai wird in der Folgezeit gefördert, indem man die Triebe immer wieder bei etwa sechs Blättern auf ein bis zwei Blätter zurückschneidet.

EXPERTEN-TIPP

Um das Dickenwachstum eines Bonsai-Baumes zu beschleunigen, sollte man nicht stärker düngen, da durch die Nährstoffgabe auch die Blattabstände und Blätter vergrößert werden.

Die sich öffnende Blüte zeigt die scharlachroten Blütenblätter des Granatapfels.

3

Alle Zweige, die über das Kronenniveau herausragten, wurden zurückgeschnitten. Auf der Vorderseite des Baumes wurden zusätzlich Zweige entfernt.

4

Da ein großer Teil der Blattmasse entfernt wurde, kann auch der Wurzelballen stark reduziert werden. Der Wurzelhals wurde herausgearbeitet.

Zur Verdickung der Äste und des Stammes lässt man die Triebe lang auswachsen. Je mehr Blattmasse vorhanden ist, um so stärker ist das Dickenwachstum.

Um den Baum wieder in Form zu bringen, führt man einen vollständigen Blattschnitt durch und schneidet die Triebe anschließend zurück.

Erarbeiten der Form durch Rückschnitt

Im Bonsai-Fachhandel findet man geeignete Rohpflanzen. Will man beispielsweise eine Besenform gestalten, muss sich der Stamm in einer bestimmten Stammhöhe in viele etwa gleich starke Äste aufteilen. Nun braucht man eigentlich nur noch die Äste so zurückzuschneiden, dass eine schirmförmige Krone entsteht. Auch hier wird anschließend die feine Verzweigung aufgebaut. Entsprechend wird die Krone zunächst stärker zurückgenommen als die, die der spätere Bonsai haben soll.

Zur Beschleunigung der Entwicklung kann die Pflanze bis zum beabsichtigten Gestaltungsziel in einer größeren Anzuchtschale verbleiben. Solange die Wurzeln Raum für Wachstum haben, breiten sich die Wurzeln aus. Im gleichen Verhältnis folgen die oberirdischen Triebe und wachsen recht stark. Ist der Wurzelraum ausgefüllt, verringert sich das Wachstum der oberirdischen Pflanzenteile und kommt schließlich ganz zum Erliegen.

Nun muss durch Umtopfen für neuen Wurzelraum gesorgt werden. Spätestens jetzt wird die Pflanze zur endgültigen Verfeinerung in die Bonsai-Schale gepflanzt. Dazu führt man einen Wurzelschnitt durch und verringert die oberirdische Pflanzenmasse in gleichem Maß.

Der gleichzeitig durchgeführte Formschnitt der oberirdischen Pflanzenteile ist notwendig, um die Pflanze wieder ins biologische Gleichgewicht zu bringen.

Bereits das Umsetzen in die Bonsai-Schale reduziert die Wuchsfreudigkeit deutlich. Der Zuwachs erfolgt von nun an stark verlangsamt und die Verfeinerungsarbeiten führen zum gewünschten Ziel.

EXPERTEN-TIPP

Bei jedem Umtopfen muss ein Wurzelschnitt durchgeführt werden, um die feinen Wurzeln zu fördern. Das gilt auch dann, wenn die neue Bonsai-Schale größer sein sollte als die vorherige.

Einen Wald selbst gestalten

Gerade mit der Gestaltung eines mehr oder weniger großen Wäldchens erlebt auch ein Bonsai-Neuling in kurzer Zeit einen recht guten Erfolg in der Bonsai-Gestaltung. Für die Gestaltung eines kleinen Bonsai-Waldes braucht man bezüglich der Gestaltungstechniken weniger große Kenntnisse als für die Gestaltung eines Einzelbonsai.

In Bonsai-Fachgeschäften oder auch in guten Gartencentern findet man recht schnell die notwendigen Rohpflanzen.

Geheimnisvoll wirkt der Wald aus alten Chinesischen Ulmen (Ulmus parvifolia). *Um den dominanten Hauptbaum gruppieren sich nicht minder gute, aber kleinere Bäume.*

Die Auswahl der Bäume

Bei der Planung des ersten Waldes sollte man nur Bäume der gleichen Art verwenden. Unterschiedliche Baumarten haben häufig auch unterschiedliche Ansprüche an die anschließende Pflege, weshalb Mischwälder nicht gepflanzt werden sollten.

Hat man sich für die Pflanzenart entschieden, sucht man nach Bäumchen unterschiedlicher Stammstärke und Wuchshöhe.

Man braucht mindestens einen recht dicken Baum, der gleichzeitig auch der höchste Baum sein sollte. In der späteren Gestaltung spielt er eine Schlüsselrolle, soll er doch als Hauptbaum der Gesamtgestaltung dienen. Er bestimmt über die Art der Gestaltung und ist der Blickfang, der den Betrachter durch den Wald führt. Um ihn gruppiert sich später die erste Baumgruppe. Entsprechend wird dieser Baum sehr sorgfältig ausgewählt.

1

Ein Wald aus Ficus benjamina *'Natascha' wird gestaltet. Bäume unterschiedlicher Dicke und Höhe werden ausgewählt und provisorisch arrangiert.*

Der zweitdickste und damit auch zweithöchste Baum steht entweder dem Hauptbaum zur Seite oder er bildet den Leitbaum der zweiten Baumgruppe. Auch sei-

2

Der Hauptbaum muss deutlich zurückgeschnitten werden. Ein ehemaliger Nebenast wird nun zum Leittrieb umfunktioniert.

3

Die durch das Entfernen des Leittriebes entstandene Schnittstelle kommt auf die Baumrückseite. Im unteren Stammdrittel werden kurze Triebe entfernt.

Nun sind alle Bäume für den Wald in Form geschnitten. Die Zusammenstellung der Bäume vermittelt einen ersten Eindruck, wie der Wald aussehen wird.

Alle Bäume erhalten einen Wurzelschnitt, mit dem Ziel die Ballen zu verkleinern und flacher zu machen. Die Bäume können in der Schale platziert werden.

ne Bedeutung für die Gesamtgestaltung sollte nicht unterschätzt werden, hilft er doch bei der Strukturierung des Gesamtwaldes.
Die nachfolgenden Bäume müssen in Abstufungen dünner und niedriger sein. Hier finden auch Bäume Verwendung, die für eine Einzelgestaltung nicht in Frage kommen, in solch einer Waldgestaltung aber eine wichtige Gestaltungsfunktion haben können.
Für die Gestaltung eines Waldes brauchen wir eine ungerade Anzahl von Bäumen. Einerseits wird so Symmetrie vermieden und andererseits wird die Gestaltung so natürlicher und harmonischer.
Kaufen Sie immer ein paar Bäumchen mehr, als Sie für die spätere Gestaltung benötigen. Vielfach sieht man erst zu Hause, wenn die Bäumchen zur Probe zu einem Wald zusammengestellt werden, dass der eine oder andere Kandidat mit den anderen Bäumen nicht harmoniert. Zusätzlich kann man an den „überschüssigen" Bäumen in der Folgezeit die Gestaltung eines Einzelbonsai üben.

Mit einem an der Spitze abgerundeten Essstäbchen wird die trockene Pflanzerde gut zwischen die Wurzeln gestochert, bis alle Hohlräume aufgefüllt sind.

Die Schale wurde mit Pflanzerde aufgefüllt. Zur Mitte hin steigt das Bodenniveau leicht an, um den Wald besser ins Blickfeld des Betrachters zu setzen.

Die eigentliche Waldgestaltung

Neben den Bäumen benötigen Sie eine möglichst flache, großflächige Landschaftsschale. Ihr Bonsai-Fachhändler wird Sie bei der Auswahl sachkundig beraten. Wie in unserem Gestaltungsbeispiel wird vor allem der Hauptbaum sehr sorgfältig in Form gebracht. Er wird nicht genau in die Mitte der Schale gepflanzt. Sein Standort ist von vorn betrachtet zu einer der beiden Schalenseiten hin versetzt. Um ihn herum gruppiert man die erste Baumgruppe, wobei zu den Schalenaußenseiten hin die Bäume immer kleiner werden. Die zweite Baumgruppe steht auf der anderen Schalenseite und gruppiert sich um den zweitstärksten Baum. Beachten Sie den Zwischenraum zwischen den beiden Baumgruppen. Er strukturiert den Wald deutlicher und gibt ihm so ein natürliches Aussehen.
Für eine bessere Tiefenwirkung werden bei beiden Gruppen einige kleine Bäume in den Hintergrund gepflanzt.

8

Zum Abschluss wird der neue Wald gut gewässert. Man gießt so lange, bis überschüssiges Gießwasser durch die Wasserabzuglöcher ausfließt.

9

Der Neuaustrieb zeigt, dass die Bäume die Umpflanzaktion gut überstanden haben. In der Folgezeit wird die Gestaltung durch den richtigen Schnitt weiter verbessert.

Praxis & Pflege

Beurteilung von Bonsai-Qualitäten

Deutliche Merkmale eines Baumes sind der Stamm, der Astaufbau und der Stammfuß. Mit einem kraftvollen Wurzelansatz wird der Eindruck eines alten Baumes überzeugend vermittelt. Hier sollten bei senkrechten Stämmen kräftige Wurzeln gleichmäßig nach allen Seiten von der Stammbasis in den Boden streben. Bei geneigten Stämmen sind die Wurzeln, die der Stammneigung gegenüberliegen, stärker ausgeprägt als die unter der Stammneigung. Aus dem Wurzelansatz entwickelt sich harmonisch der Stamm. Er ist die Zentralachse des Baumes. Der Stamm verjüngt sich gleichmäßig von der Basis bis in die Spitze. Alle abrupten Stammdickenveränderungen vermitteln einen unharmonischen Eindruck. Ist der Stamm mit Biegungen versehen, entwickeln sich an den Außenseiten der Stammschwünge die Äste, die sich nach außen hin immer feiner verzweigen.

Bei gebogenen wie bei geraden Stämmen entspringen nach Möglichkeit keine zwei Äste in einer Höhe. Von unten nach oben nehmen die Dicke, die Länge und der Verzweigungsgrad der Äste ab. So ist der unterste Ast nicht nur der dickste und längste Ast, sondern auch der mit der stärksten Verzweigung. Die nachfolgenden Äste verteilen sich spiralförmig von unten nach oben um den Stamm. Der unterste Ast, auch Hauptast genannt, zeigt zu einer der beiden Seiten. Der darauf folgende zweite Ast liegt auf der entgegengesetzten Seite und bildet, von der Vorderseite betrachtet, einen stumpfen Winkel zum Hauptast. Der dritte Ast weist nach hinten, wird aber nicht vom Stamm verdeckt. Er gibt dem Baum Tiefenwirkung. Die nächsten Äste folgen diesem Muster, wobei, von oben betrachtet, keine zwei Äste übereinander liegen.

Tipps zum Bonsai-Kauf

Der Bonsai-Fachhandel ist die einzig richtige Anlaufstelle für den Kauf eines Bonsai. Nur hier finden Sie eine kompetente Fachberatung und häufig eine große Auswahl an Qualitätsbonsai der verschiedensten

Ein guter Stammansatz ist wichtig.

Preiskategorien. Die Fachleute helfen Ihnen darüber hinaus bei allen Problemen, die Sie mit Ihrem Bonsai haben können. Die unterste Preiskategorie für noch junge Bonsai liegt bei etwa 100,– Euro. Nach oben sind keine Grenzen gesetzt. Für ein wirklich gutes Bonsai-Kunstwerk müssen Sie leicht mehrere tausend Euro bezahlen. Die Billigangebote im Nicht-Fachhandel verdienen häufig den Namen Bonsai nicht. Meistens sind die dort angebotenen Pflanzen bestenfalls als Trainingspflanzen für die Pflege geeignet.

So finden Sie den Bonsai Ihrer Wahl

Überlegen Sie zunächst, ob Sie für den Bonsai einen geeigneten Standort haben. Sicherlich ist es wenig sinnvoll, einen teuren Bonsai zwischen den normalen Topfpflanzen im Blumenfenster unterzubringen.

Lassen Sie die angebotenen Bonsai auf sich wirken. Dabei kommen meist einige Bonsai in die engere Wahl. Machen die Bäume einen kranken Eindruck, oder können Sie gar Schädlinge entdecken? In solch einem Fall ist vom Kauf abzuraten. Der Fachhändler wird Sie gern über die Pflegebedürfnisse und weiteren Gestaltungsmöglichkeiten Ihrer Bonsai-Kandidaten aufklären. Der Bonsai sollte gut eingewurzelt sein, aber innerhalb des nächsten halben Jahres nicht umgetopft werden müssen. Gerade für Bonsai-Neulinge können solche Bäume ein Pflegerisiko darstellen.

Der richtige Standort

Je nach Baumart benötigen Zimmer-Bonsai einen vollsonnigen bis halbschattigen Fensterplatz. Selbst ein halbschattiger Standort darf nicht dunkel sein, sondern sollte lediglich vor direkter Sonneneinstrahlung in der Mittagszeit geschützt sein. Ein helles Süd-, Ost- oder Westfenster wäre der richtige Standort. Ein Nordfenster ist meist zu dunkel, da hier kein direktes Sonnenlicht ankommt. Zur Not kann eine gute Pflanzenlampe die Situation für die Bonsai verbessern.
Ein Bonsai sollte auf keinen Fall zwischen irgendwelchen Topfpflanzen stehen, sondern einen Einzelplatz erhalten. Nur so kann er als lebendes Kunstwerk voll zur Geltung kommen. Ein etwas herausgehobener Podestplatz bringt den Bonsai in seiner ganzen Schönheit viel besser zur Geltung.
Alle Bonsai-Schalen haben Löcher im Schalenboden, damit überschüssiges Gießwasser gut ablaufen kann. Es besteht die Gefahr, dass sich unter den Wasserabzuglöchern Wasserblasen bilden, die dann zu Staunässe führen. Diese Gefahr besteht vor allem auf Marmor-Fensterbänken. Die glatte Oberfläche hält das Wasser unter der Schale quasi fest. Deshalb sollte man etwa eine halbe Stunde nach dem Wässern das gesamte Wasser unterhalb der Schale wegwischen.

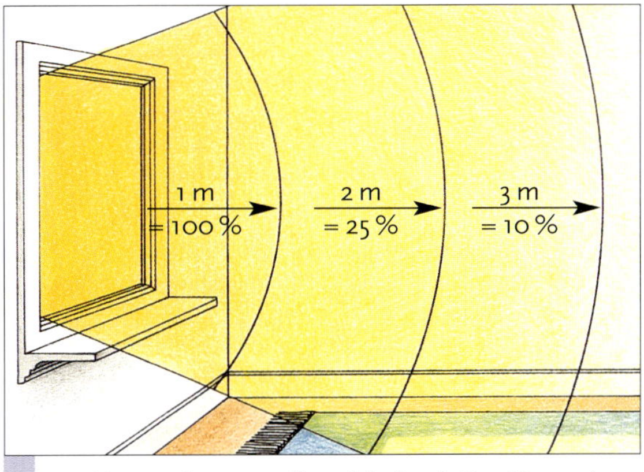

Unsere Augen stellen sich durch Pupillenreaktionen auf verschiedene Lichtmengen ein. Wo es für uns noch hell genug erscheint, ist es für Pflanzen bereits zu dunkel. Die Lichtmenge nimmt mit der Entfernung im Quadrat ab, so dass bereits in 2 m Entfernung vom Fenster nur noch ein Viertel des ursprünglichen Lichts ankommt.

Nur wenn die Wurzeln einen sehr engen Kontakt mit der Erde haben, können sie ausreichend Wasser und Nährsalze aufnehmen. Hohlräume führen hingegen zu Wurzelfäulnis und schaden dem Baum.

Sommerfrische draussen

Im Sommer sind alle Zimmer-Bonsai dankbar für einen Standort im Freien. Die Zeit auf dem Balkon oder der Terrasse ist ein wahrer Jungbrunnen für die Bäume. Selbst Pflanzen, die im Zimmer ein wenig gekümmert haben, werden sich an der frischen Luft wieder gut erholen. Man muss hier bedenken, dass wir bei noch so guter Pflege, die Verhältnisse in der freien Natur nicht genau nachmachen können. Weder die Lichverhältnisse noch die Luftfeuchtigkeit in unseren Wohnräumen entsprechen dem natürlichen Standort der Bäume. Dem Ideal etwas näher kommen hier Besitzer eines Gewächshauses oder eines abgeschlossenen Wintergartens. Hier kann zumindest die Luftfeuchtigkeit gezielt gesteuert werden.

Bonsai richtig ernähren

Immer wieder wird die Frage gestellt: „Wie oft muss ich meinen Bonsai gießen und düngen?“ Hier gibt es nur eine richtige Antwort: Das hängt von der Baumart, der Temperatur, der Jahreszeit, dem Standort und nicht zuletzt von der Größe des Bonsai ab. Dies kann im Extremfall bedeuten, dass dieser Bonsai mehrmals täglich und jener Bonsai nur einmal in der Woche gewässert werden muss. In den seltensten Fällen werden Pflanzen vertrocknen, die meisten Pflanzen werden überwässert.

Wie kleine Sterne leuchten die Blüten des Baums der tausend Sterne.

Wasser optimal dosieren

Bei den im Pflanzenteil (ab S. 35) angegebenen Erdmischungen ist immer ein Anteil Akadama-Erde mit angegeben. Diese Akadama-Erde hat den Vorteil, dass sie im feuchten Zustand deutlich dunkler ist als im trockenen. Spätestens wenn die Erde hell wird, sollte ausgiebig gewässert werden.

Neben verschiedenen Flüssigdüngern verwenden wir auch Kugeldünger aus organischen Materialien, die im Fachhandel angeboten werden.

Zum Wässern verwendet man möglichst weiches und zimmerwarmes Wasser. Härteres Wasser ab Härtegrad 2 führt mit der Zeit nicht nur zu unschönen Kalkausblühungen am Schalenrand und auf der Erdoberfläche, sondern verändert auch den pH-Wert des Bodens. Zu kaltes Wasser kann bei vielen tropischen und subtropischen Bäumen zu einem Kälteschock an den Wurzeln führen und diese schädigen.

Die beste Methode, die Erde wirklich durchdringend mit Wasser zu versorgen, ist die Tauchmethode. Hierbei bereitet man eine Plastikwanne mit zimmerwarmem Wasser vor. In diese Wanne stellt man die Schalen mit den Bonsai, wobei das Wasser in der Wanne bis knapp unterhalb des Schalenrandes reichen sollte. Durch die Wasserabzuglöcher an der Unterseite der Schale wird das Wasser durch die Adhäsionskräfte der Bodenteilchen eingesogen. Sobald die Erdoberfläche wieder dunkel gefärbt ist, kann die Bonsai-Schale herausgehoben und so aufgestellt werden, dass überschüssiges Wasser gut ablaufen kann. Dabei leistet der schräge Ablauf an der Spüle gute

Dienste. Natürlich können Sie Ihre Bonsai auch ganz normal gießen. Da in diesem Fall so lange gegossen werden muss, bis Wasser aus den Wasserabzuglöchern auszufließen beginnt, sollte man die Bonsai hierfür vielleicht in die Dusche stellen. Erst wenn kein Wasser mehr aus den Wasserabzuglöchern ausfließt, wird der Bonsai an seinen gewohnten Standort zurückgestellt.

Dünger für die Gesundheit

Halten Sie bitte die Düngeempfehlungen aus dem Pflanzenporträtteil möglichst genau ein. Das gilt vor allem für diejenigen Bonsai, die im Winter nicht gedüngt werden dürfen. Pflanzen können Dünger nur in Form von Nährsalzen aufnehmen. Entsprechend wird anorganischer Flüssigdünger unmittelbar von der Pflanze aufgenommen, während organische Dünger, zum Beispiel japanische Düngekugeln, erst durch die Bodenorganismen aufgeschlossen werden müssen. Organischer Dünger wirkt entsprechend mit deutlicher zeitlicher Verzögerung auf die Pflanzen.

Verwenden Sie den Dünger immer in der auf der Verpackung angegebenen Konzentration. Achten Sie darauf, dass Sie ihn nicht überdosieren. Bei Überdosierung können die Wurzeln ebenfalls verbrannt werden. Manchmal kann man überschüssigen Dünger durch ausgiebiges Wässern ausspülen.

EXPERTEN-TIPP

Düngen Sie niemals auf trockenem Boden, weil sonst die Wurzeln geschädigt werden. Sollte die Erde trocken sein, wässern Sie zunächst ausgiebig und geben Sie erst einige Stunden später den Dünger.

Eine große Unterschale mit feuchtem Tongranulat gefüllt, erhöht die Luftfeuchtigkeit für den Bonsai in der trockenen Luft unserer Wohnräume.

Das richtige Werkzeug

Ein Bonsai will immer wieder in Form gebracht werden; seine Gestalt wird dabei nach und nach verbessert.

Bonsai-Scheren für den Schnitt

Zur Grundausstattung gehören eine oder mehrere Bonsai-Scheren für feinere und gröbere Schnittmaßnahmen. Sie sind so konstruiert, dass mit ihnen eine saubere Schnittführung möglich ist.

Mit der normalen Bonsai-Schere schneiden wir mittelstarke Triebe, während wir mit der schlanken Bonsai-Schere feinere Triebe, vor allem im Kroneninnern, einkürzen können.

würde. Um eine stärkere Verzweigung zu erzielen, werden Knospen ausgewählt, die seitwärts gerichtet sind. Wollen wir gleichzeitig mehrere Knospen entlang eines Zweiges zum Austrieb anregen, können wir das durch eine Verringerung der Blattflächen induzieren. Normalerweise werden die Blätter vom Ansatz zur Spitze eines Zweiges immer etwas größer. Wir können durch Beschneiden der Blattflächen die Blätter verkleinern. Wir arbeiten so, dass das Spitzenblatt die kleinste verbleibende Blattfläche hat und die Blattflächen zum Triebansatz hin immer größer werden. Nun werden viel mehr Knospen in der Folgezeit austreiben als vorher.

Wurzelschnitt mit der großen Bonsai-Schere

Die schlanke Schere ist für feine Triebe geeignet.

Mit der richtigen Schnittführung werden die nachfolgenden Triebe in die beabsichtigte Richtung geleitet. Je nachdem, vor welchem Blatt wir den Zweig einkürzen, geben wir vor, wohin der nächste Trieb wachsen wird. In jeder Blattachsel entwickelt sich eine Knospe, die bereits in die Richtung weist, in die der Trieb, der aus ihr treiben wird, wachsen wird.

Für die Verlängerung des Zweiges werden bevorzugt Knospen ausgewählt, die auf der Unterseite des Zweiges stehen. Diese Triebe wachsen nicht so schnell senkrecht nach oben, was ein unschönes Bild ergeben

Dickere Äste mit der Konkavzange entfernen

Beim Entfernen dickerer Äste ist es wichtig, dass die anschließende Wundverheilung nicht nur zügig abläuft, sondern dass sich das Wundgewebe später gut in das Stammbild integriert. Hierzu dienen die verschiedenen Konkavzangen. Wie der Name schon sagt, greifen die Kneifbacken so aufeinander, dass der Schnitt nicht geradflächig, sondern leicht nach innen gewölbt geführt wird. Der Schnitt greift also etwas stärker in das Holz des Stammes hinein. Für die rich-

Mit der Konkavzange können auch dickere Äste mühelos entfernt werden.

Die Drahtzange dient dem Entfernen des Drahtes ganz nah am Stamm, ohne die Rinde zu verletzen.

tige Schnittführung setzen wir die Konkavzange so an den Ast an, dass die Spitzen der Kneifbacken senkrecht nach oben weisen. Nah am Stamm wird nun der Schnitt durchgeführt.

Das Kambium ist der einzige lebenslang teilungsfähige Teil eines Baumes und liegt zwischen Rinde und Holz. Alle anderen Zellen sterben mehr oder weniger früh ab und werden zu Zellen der Leitungsbahnen. An den Wundrändern beginnt nun das Kambium mit vermehrter Teilungsaktivität. Es entsteht zunächst ein Wundwulst, der sich nach und nach von außen nach innen über den verletzten Holzteil legt. Nach einiger Zeit stoßen die Wundgewebezonen in der Mitte zusammen und verschmelzen miteinander, die Wunde ist nun verschlossen. Da das Wundgewebe etwas dicker als normales Rindengewebe ist, ist durch den konkaven Schnitt gewährleistet, dass das Wundgewebe nicht hervorragt. Lediglich bei Azaleen ist das Wundgewebe flach.

Wundverschlussmittel

Nach einem Schnitt ist der Holzkörper, der aus toten Zellen besteht, äußeren Einflüssen schutzlos ausgeliefert. Es können Teile des Wundrandes eintrocknen oder Holz zerstörende Krankheitserreger eindringen. Um das zu verhindern, ist es sinnvoll, alle Schnittstellen, die über Bleistiftdicke hinausgehen, mit einem Wundverschlussmittel abzudecken. Das beste Wundverschlussmittel für Bonsai ist eine spezielle Knetmasse aus Japan.

Wundverschlussmittel anwenden

1

2

1. Mit angefeuchteten Fingern formt man zunächst eine kleine Kugel, die man dann vorsichtig auf die Wunde drückt.
2. Mit den Fingern drückt man die Masse so weit auseinander, bis sie leicht über den Wundrand hinausreicht.
Ist die Wunde schließlich verschlossen, ist auch die Knetmasse eingetrocknet und lässt sich abnehmen.

Herausarbeiten des Wurzelansatzes

Häufig verbirgt sich in der Erde ein schöner Wurzelansatz, der herausgearbeitet werden kann.
Dazu wird zunächst mit der Wurzekralle und dann mit einem Holzstäbchen der Wurzelballen vorsichtig gelockert. Schon erkennt man wenige dickere Wurzeln verhältnismäßig hoch ansetzend.
Näher betrachtet, sieht man etwas weiter unten viel mehr dickere Wurzeln, die in einer Höhe ansetzen und sternförmig vom Stamm wegstreben. Die oberen Wurzeln werden mit der Konkavzange oder der normalen Bonsai-Schere entfernt. Der Rest des Wurzelballens wird um etwa ein Drittel bis um die Hälfte reduziert.
Wir sehen nun einen Wurzelansatz, der dem Bonsai das natürliche Bild eines alten Baumes verleiht.
Beim Eintopfen wird die Erde dann so angefüllt und zwischen die Wurzeln gearbeitet, dass die Wurzelansätze sichtbar bleiben.

1

Mit einem Essstäbchen wird die Erde zwischen den Wurzeln am Stammansatz entfernt, um diesen sichtbar zu machen.

2

Mit der Wurzelkralle wird der Wurzelballen von außen nach innen vorsichtig gelockert. Die lang herab hängenden Wurzelbärte werden stark gekürzt.

3

Alle Wurzeln, die oberhalb des Wurzelhalses wachsen oder andere Wurzeln überkreuzen, werden nah am Stamm mit einer scharfen Schere entfernt.

4

Mit einem Wundverschlussmittel werden größere Schnittwunden geschützt. Das Mittel verhindert auch, dass hier neue Wurzeln wachsen.

Umtopfen eines Bonsai

1

Nach einigen Jahren ist die Schale vollständig mit Wurzeln ausgefüllt. Ein Baum kann nur so lange wachsen, wie auch seine Wurzeln wachsen können.

2

Von außen nach innen wird der Wurzelballen mit einer Wurzelkralle entfilzt. Bald hängen lange Wurzelbärte herab, die stark beschnitten werden.

3

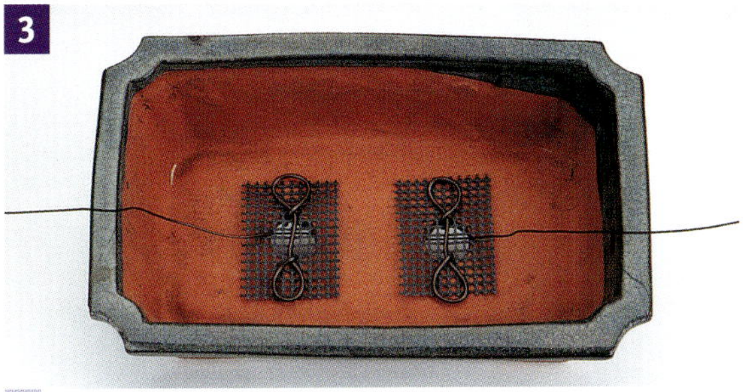

Über den Wasserabzuglöchern liegen Kunststoffnetze, um das Herausrieseln der Erde zu verhindern. Durch die Löcher werden Befestigungsdrähte geführt.

4

Auf grobe Dränageerde folgt Pflanzerde, auf die der Baum gesetzt wird. Die Drähte werden über den Ballen gelegt und miteinander verdreht werden.

5

Mit einem Stäbchen wird weitere trockene Pflanzerde zwischen die Wurzeln gestochert. Um die Wasser- und Nährstoffaufnahme zu sichern, dürfen keine Hohlräume entstehen.

6

Mit dem Bonsai-Besen wird eine dünne Schicht feiner Deckerde glatt gestrichen. Anschließend wird der Bonsai gut angegossen, bis überschüssiges Gießwasser aus den Löchern herausfließt.

Der Draht leitet die Triebe

Für die Gestaltung zum Bonsai werden häufig recht junge Bäume verwendet. Bei ihnen streben die meisten Äste und Zweige mehr oder weniger senkrecht nach oben. Bei einem alten Baum, den wir mit einem Bonsai darstellen wollen, sind die Äste durch ihr Gewicht seitwärts oder leicht abwärts gebogen. Bei jungen Bäumen muss also die Wuchsform mit Hilfe von Draht korrigiert werden.

Ähnliches gilt für ältere, bereits ausgereifte Bonsai. Auch hier wachsen die neuen Triebe teilweise wieder senkrecht nach oben und müssen dann durch eine geeignete Drahtung wieder in die Gesamtgestaltung integriert werden.

Der Draht an einem Bonsai ist also kein Gestaltungsmerkmal, sondern ein Gestaltungsmittel, welches immer nur so lange an dem Bonsai verbleibt, bis die Formkorrektur sich durch neues Holzwachstum stabilisiert hat.

Das Eindrahten

Meist wird in den Bonsai-Fachgeschäften verkupferter Aluminiumdraht angeboten. Historisch wurde aber für die Bonsai-Gestaltung durchgeglühter Kupferdraht eingesetzt. Bei der Verwendung dieses Drahtes, kann mit geringeren Drahtstärken gearbeitet werden.

Wir benötigen für das richtige Eindrahten Bonsai-Draht in unterschiedlichen Stärken. Als Faustregel gilt hier: Der Draht sollte etwa ein Drittel der Stärke des einzudrahtenden Baumteils haben und weniger elastisch als der Baumteil sein.

Einerseits zum Zurechtschneiden des Drahtes und andererseits zum späteren Entfernen des Drahtes benötigen wir eine Drahtzange. Bei diesem Werkzeug greifen die Schneidbacken nach vorn gerichtet aufeinander zu. Durch die langen Griffe gibt die Hebelwirkung genügend Kraft für das Durchkneifen selbst dicker Drähte.

Beim vollständigen Eindrahten eines Bonsai-Baumes arbeitet man von unten nach oben und von innen nach außen. Es werden zunächst der Stamm, anschließend die Äste und schließlich die Zweige mit Draht geformt. Grundsätzlich werden natürlich immer nur die Baumteile eingedrahtet, die einer Formkorrektur bedürfen.

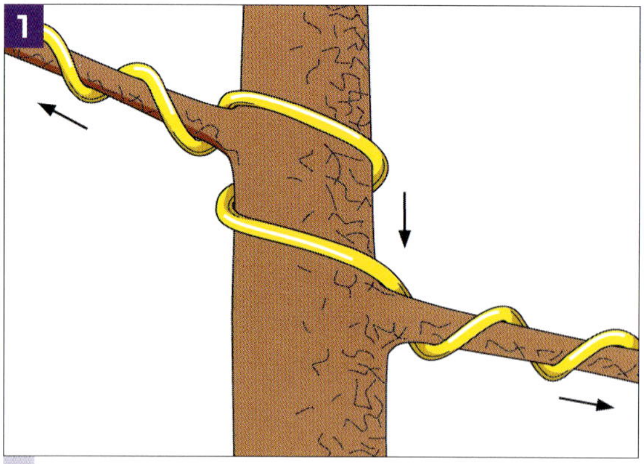

Es werden immer zwei etwa gleich starke Äste mit einem Draht geformt. Nachdem der erste Ast geformt wurde, wird der Draht in einer vollen Stammwindung zum nächsten Ast geführt.

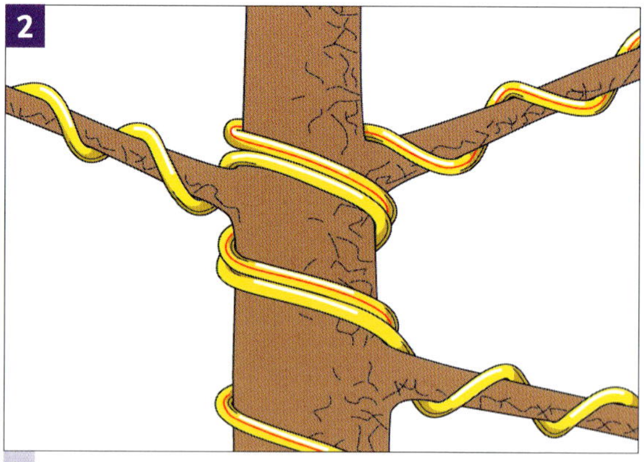

Weitere Drähte für Formkorrekturen an anderen Ästen werden bei der Stammumwindung parallel zueinander geführt. Die Drähte dürfen sich auf keinen Fall überkreuzen.

Wichtige Eindraht-Regeln

- Für den Stamm wird der Draht in einem Winkel von 45° auf der Rückseite des Stammes ein Stück in die Erde gesteckt.
- Während man mit der einen Hand den Draht fixiert, wird er mit der anderen Hand im 45°-Winkel um den Stamm gewunden.
- Der Draht sollte zwar eng anliegen, darf aber nicht in die Rinde einschneiden.
- Drahtet man Äste und Zweige ein, werden nach Möglichkeit zwei gleich starke mit einem gemeinsamen Draht umwickelt. Beim Übergang zwischen den beiden Ästen oder Zweigen sollte mindestens eine Drahtwindung um den Stamm oder Ast geführt werden.
- Umwinden mehrere Drähte einen Baumteil, dürfen sich die Drähte nicht überkreuzen, sondern müssen parallel zueinander, eng anliegend, geführt werden.
- Damit der Draht beim Biegen seine ganze Kraft entwickeln kann, muss er auf der Außenseite der beabsichtigten Biegung liegen.
- Zum Biegen des Baumteiles liegt mindestens der Daumen der einen Hand auf der Innenseite der Biegung, während die andere Hand die Biegung ausführt. Einerseits kann man so mit dem Daumen durch entsprechenden Gegendruck den Biegevorgang leiten. Andererseits spürt man, ob der Baumteil im Begriff ist zu brechen. Kurz vor dem eigentlichen Bruch verspürt man ein leichtes Ruckeln.
- Danach verbleibt der Draht einige Zeit am Baum, während sich die Baumteile durch neues Holzwachstum in der Form stabilisieren. Der Draht darf aber nicht einwachsen.
- Spätestens wenn der Draht in die Rinde einzudrücken beginnt, muss er wieder entfernt werden. Sollte der Baumteil wieder in seine vorherige Form zurückkehren, muss erneut gedrahtet werden.

Das Entfernen des Drahtes

Man geht in umgekehrter Reihenfolge wie beim Eindrahten vor und arbeitet von oben nach unten und von außen nach innen. Mit der Drahtzange werden die Drähte vorsichtig Windung für Windung durchgekniffen. Auf keinen Fall darf man versuchen, den Draht abzuwickeln, da dabei ganz leicht Äste oder Zweige abgeknickt werden könnten.

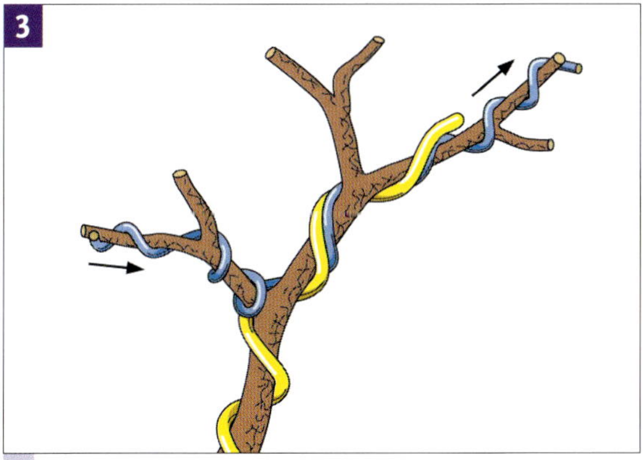

Werden die Sekundärtriebe gedrahtet, wird der dünne Draht (hier: blau) von einem Trieb zum anderen parallel zum Hauptdraht geführt. Auch hier dürfen sich die Drähte nicht überkreuzen.

Beim Drahten eines Astes mit all seinen vielen Nebentrieben arbeitet man stets von innen nach außen. Die Drähte werden je nach der Dicke der Triebe ausgewählt.

Mit Zimmerbonsai gut durchs Jahr

Januar

- **Allgemein:** Alle Warmhauspflanzen erhalten in verlängerten Zeitabständen Düngergaben. Vor allem, wenn die Bonsai über einer Heizung stehen, muss regelmäßig die Bodenfeuchtigkeit überprüft und bei Bedarf gegossen werden. Wegen der reduzierten Lichtverhältnisse muss eventuell mit einer Pflanzenlampe für zusätzliche Beleuchtung gesorgt werden. Alle Kalthauspflanzen sind in der kühlen Winterruhe. Sie sollten jetzt nicht in einem warmen Raum stehen. Der Wasserbedarf ist gering, es darf aber keine Ballentrockenheit entstehen.

Februar

- **Allgemein:** Die Pflege der Warmhauspflanzen erfolgt wie im Januar.
- Umtopfen: Bei vielen Kalthauspflanzen kann bereits jetzt mit dem Umtopfen begonnen werden.
- **Schneiden:** Die Form, vor allem die der Kalthauspflanzen, wird nun überarbeitet. Tote Triebe oder eventuell störende dicke Äste können entfernt werden.
- **Drahten:** Falls nötig, kann bei Kalthauspflanzen die Form durch Drahten korrigiert werden.

März

- **Umtopfen:** Bis auf die blühenden Zimmerbonsai, die erst nach der Blüte umgetopft werden, können alle anderen nun umgetopft werden.
- **Gießen:** Langsam erwachen die Kalthauspflanzen aus ihrer Winterruhe, wodurch auch der Wasserbedarf steigt. Vor allem jetzt muss Ballentrockenheit vermieden werden.
- **Schneiden:** Bei allen Zimmerbonsai wird jetzt die Form überarbeitet. Eventuell im Winter gewachsene schwache Triebe werden entfernt. Manchmal muss bei solchen „Geiltrieben“ bis ins alte Holz zurückgeschnitten werden.
- **Drahten:** Alle notwendigen Drahtungsarbeiten können jetzt durchgeführt werden.
- **Schädlinge:** Da nun auch die Schädlinge wieder erwachen und sich zu vermehren beginnen, sollten Sie auf Schädlingsbefall kontrollieren und bei Bedarf einen Fachmann aufsuchen.

April

- **Standort:** In Regionen mit mildem Klima können Kalthauspflanzen bei schönem Wetter ins Freie gestellt werden. Bei Nachtfrostgefahr müssen sie jedoch unbedingt wieder ins Haus geholt werden.
- **Gießen:** Langsam werden die Wassergaben erhöht.
- **Schneiden:** Bei manchen Arten muss jetzt schon der erste Neuaustrieb beschnitten werden.
- **Drahten:** Warmhauspflanzen werden mit Draht in Form gebracht.
- **Schädlinge:** Schon jetzt können einzelne Blattläuse und andere Sauginsekten im Freien auftreten. Bei Befall den Fachmann aufsuchen!

Mai

- **Standort:** Bei Temperaturen über 15 °C können alle Zimmerbonsai ins Freie. Es können aber immer noch kühle Nächte kommen, deshalb sollten sie am Abend besser ins Haus zurückgeholt werden. Auch Bäume, die die pralle Sonne vertragen, können zunächst halbschattig aufgestellt und langsam an die Sonne gewöhnen werden (ansonsten können einige Blätter verbrennen).
- **Gießen:** Der Wasserbedarf ist jetzt aufgrund des Austriebs deutlich erhöht.
- **Düngen:** Sobald der Austrieb deutlich begonnen hat, können die Düngergaben auf den Sommerrhythmus umgestellt werden. Lediglich frisch umgetopfte Bonsai erhalten noch keinen Dünger. Hier wird mit dem Düngen erst begonnen, wenn ein deutlicher Neuaustrieb zu sehen ist.

Juni

- **Standort:** Alle Zimmerbonsai stehen von nun an im Freien.
- **Gießen:** Meist muss jetzt täglich gegossen werden, eventuell sogar mehrmals täglich.
- **Düngen:** Das ist jetzt besonders wichtig.
- **Schneiden:** Bei fast allen Bonsai ist der erste Rückschnitt durchzuführen.
- **Drahten:** Verholzte, neue Triebe können gedrahtet werden.

Juli

- **Gießen:** Eventuell muss mehrmals täglich gegossen werden.
- **Schneiden:** Schnittwunden heilen besonders schnell ab, da von den Pflanzen jetzt viele neue Baustoffe gebildet werden. Stark wachsende Bonsai werden erneut zurückgeschnitten.
- **Drahten:** Manche Bonsai müssen schon jetzt wieder eingedrahtet werden, da bei schnell wachsenden Arten der Draht bereits einschneiden könnte.

August

- **Gießen:** Der Wasserbedarf ist immer noch hoch, und es muss gegebenenfalls mehrmals täglich gegossen werden.
- **Düngen:** Bei den meisten Kalthauspflanzen hört man Ende August mit dem Düngen auf. Bei blühenden und fruchtenden Arten kann jetzt eine Phosphor-Kali-Düngung zum besseren Blütenknospenansatz verabreicht werden.
- **Schneiden:** Vor allem bei den Kalthauspflanzen werden jetzt keine größeren Schnittmaßnahmen mehr durchgeführt. Die Bäume müssen für den Winter aushärten und würden durch einen Schnitt daran gehindert.
- **Drahten:** Drahtungen jetzt täglich kontrollieren! Draht, der einzuwachsen beginnt, muss sofort entfernt werden.

Die Pistazie ist ein geeigneter Zimmerbonsai.

September

- **Standort:** Sinken die Temperaturen unter 15 °C, müssen die Warmhauspflanzen ins Haus zurück. Kalthauspflanzen sollten jetzt noch nicht hereingeholt werden, da sie sich noch in der Aushärtungsphase befinden.
- **Gießen:** Der Jahreszeit entsprechend, ist der Wasserbedarf geringer geworden.
- **Düngen:** Kalthauspflanzen werden nicht mehr gedüngt. Bei den Warmhauspflanzen wird nun auf den Winterrhythmus umgestellt.

Oktober

- **Allgemein:** Alle Pflegemaßnahmen sind auf Winter eingestellt.
- **Standort:** Alle Warmhauspflanzen befinden sich im Haus. Kalthauspflanzen nur in Regionen mit ersten Nachtfrösten hereinholen.

November und Dezember

- **Standort:** Nun befinden sich alle Zimmerbonsai in ihren Winterquartieren. Bei Kalthauspflanzen sollte darauf geachtet werden, dass der Standort auch wirklich frostfrei ist. An sonnigen Wintertagen steigen die Temperaturen in Gewächshäusern und Wintergärten stark an. Bei mehr als 10 °C muss gelüftet werden. Auf keinen Fall dürfen die Kalthauspflanzen jetzt in geheizte Wohnräume gebracht werden: Die Winterruhe würde aufgehoben und die Bäume würden bei ungünstigen Lichtverhältnissen austreiben.

Japanische Fachausdrücke

Grundstilarten

- streng aufrechte Form: Chokkan
- frei aufrechte Form: Moyohgi
- Besenform: Hokidachi
- Kaskade: Kengai
- gelehnte Form: Shakan
- Halbkaskade: Han-Kengal
- windgepeitschte Form: Fuki-nagashi
- Literatenform: Bunjingi
- Wurzelstamm: Neagari
- Felspflanzung: Seki-Joju
- Doppelstamm: Sokan
- Waldform: Yose-Ue
- Mehrfachstamm: Kabudachi
- Schildkrötenpanzer: Korabuki
- Floßform: Ikadabuki
- kriechende Form: Netsuranari

Bonsai-Grössen (gemessen Wurzelhals bis Baumspitze)

- Fingerspitzen-Bonsai: Keshitsubu-Bonsai, bis 7,5 cm hoch
- Miniatur-Bonsai: Mame-Bonsai, 7,5 bis 15 cm hoch
- Klein-Bonsai: Ko-mono-Bonsai, 15 bis 30 cm hoch
- Mittel-Bonsai: Chu-mono-Bonsai, 30 bis 60 cm hoch
- Groß-Bonsai: Dai-mono-Bonsai sind 60 bis 120 cm hoch

Baumteile

- Wurzelhals: Nebari
- Stamm: Miki
- Baumspitze: Shin
- erster Hauptast: Ichi-no-Eda
- Rückseitenast: Ushiro-Eda
- Vorderseitenast: Mae-no-Eda

Zwei Stämme bilden einen Doppelstamm.

Mehrfachstamm: viele Stämme aus einer Wurzel

Ein Wurzelansatz wie ein Schildkrötenpanzer

Geeignete Pflanzen

Was ist ein Zimmerbonsai?

Wie zu Anfang erwähnt, wurden die ersten Bonsai aus Pflanzenarten gestaltet, die bis zu diesem Zeitpunkt nicht als Topfpflanzen gepflegt wurden. Die ersten japanischen Bonsai-Meister verwendeten Bäume und Sträucher, wie sie in der heimischen Flora vorkamen und das waren keine Bäume, die das Leben in einem geheizten Raum überleben können.
Mit der weltweiten Verbreitung von Bonsai verwendeten die Menschen in den Tropen die Bäume ihrer Heimatländer zur Bonsai-Gestaltung, der Zimmerbonsai war „geboren".

Tropische und subtropische Schönheiten

Als Zimmerbonsai sind ausschließlich Bäume der Tropen und Subtropen geeignet. In den Tropen herrschen das ganze Jahr über gleich bleibende Temperaturen und eine hohe Luftfeuchtigkeit. Unsere Wohnräume können hier lediglich mit den höheren Temperaturen dienen. Die Luftfeuchtigkeit und das Licht lassen hier vor allem im Winter häufig zu wünschen übrig, weshalb solche Pflanzen, entgegen ihres natürlichen Lebensrhythmus, bei uns im Winter häufig eine Wachstumsruhe einlegen.
Mit Wasser gefüllte Verdunstungsgefäße können die Situation verbessern. Bei manchen Arten ist es sogar ratsam, große Schalen mit Kieselsteinen zu füllen, diese ständig feucht zu halten und die Bonsai mit ihren Schalen auf die Kieselsteine zu stellen. Über den Kieselsteinen herrscht nun ein Kleinklima mit einer erhöhten Luftfeuchtigkeit. Bei dieser Methode ist aber zu beachten, dass das Wasser in dem Untersetzer auf keinen Fall den Schalenboden erreichen darf, Staunässe wäre die Folge. Bei manchen Warmhauspflanzen ist eventuell ein häufigeres Übersprühen mit kalkarmem Wasser notwendig. Entsprechende Angaben finden Sie in den Pflegehinweisen.
Bäume aus subtropischen Regionen unserer Erde,

Steine symbolisieren Felsen in einer Landschaftspflanzung aus Ficus benjamina *'Natascha' und* Ficus benjamina *'Starlight'. Andere Pflanzen dienen als Unterpflanzung.*

Manchmal können auch etwas freier gestaltete Bäume einen besonderen Reiz ausstrahlen und als Beipflanzen bei Präsentationen dienen.

vom Gärtner als Kalthauspflanzen bezeichnet, können nur bedingt als Zimmerbonsai gehalten werden. In den Subtropen haben wir einen ausgeprägten Jahreszeitenwechsel mit deutlich niedrigeren Temperaturen im Winter und einer ausgeprägten Temperaturabsenkung in der Nacht. Die Temperaturen fallen zwar normalerweise nicht unter den Gefrierpunkt, liegen aber im Mittel um 10 °C und damit unter den Temperaturen in unseren geheizten Wohnräumen.

Bei diesen Arten ist für eine gesunde Pflege eine kühle Überwinterung angebracht. Hier eignet sich ein kühler Wintergarten oder ein kühles Gewächshaus als Standort für den Winter. Zur Not kann aber auch ein ungeheizter Raum, der bei Temperaturen von etwa 10 °C gehalten wird, genutzt werden. Einige dieser Kalthauspflanzen werfen im Herbst, wie die bei uns heimischen Bäume, ihre Blätter ganz oder teilweise ab. Es ist also kein Grund zur Besorgnis, wenn Sie bei solchen Pflanzen eine Herbstfärbung erleben.

Die Porträts der Warmhauspflanzen finden Sie auf Seite 38 bis 61, die Kalthauspflanzen sind auf Seite 62 bis 91 beschrieben.

Alle Pflanzen richten ihre Blätter zum Licht hin aus. Um ein einseitiges Wachstum zu verhindern, sollten Sie Ihre Bonsai, vor allem in der Hauptwachstumsphase, alle zwei bis drei Tage drehen. So erhalten alle Baumteile ausreichend viel Licht und ein gleichmäßiges Wachstum ist gewährleistet.

Freilandbonsai

Auf keinen Fall für das Zimmer geeignet, sind alle Baum- und Straucharten, die aus Regionen kommen, die unserem Klimabereich entsprechen. Außen-Bonsai, wie Eichen, Buchen oder auch Kiefern, dürfen nur im Ausnahmefall im Sommer für zwei bis drei Tage im Zimmer präsentiert werden. Im Winter in ein geheiztes Zimmer gebracht, würden diese Baumarten einen nachhaltigen Schaden erleiden. Sie würden aus ihrer lebensnotwendigen Winterruhe gerissen, vorzeitig austreiben und ungesunde Triebe hervorbringen.

Koprosma *Coprosma x kirkii*

Koprosma stammt aus Neuseeland und ist dort wild als Bastard aus den Arten *Coprosma acerosa* und *Coprosma repens* entstanden. Sie ist ein niederliegender, kleiner Strauch mit bis zu 90 cm Höhe. Beide Elternpflanzen werden in Neuseeland wegen ihrer Robustheit geschätzt. Vor allem *Coprosma repens* wird dort häufig als Windschutz angepflanzt. Die Koprosma-Arten sind immer zweihäusig, das heißt, eine Pflanze ist entweder rein männlich oder weiblich. Will man Früchte an seinem Bonsai erhalten, muss man neben einer weiblichen auch eine männliche Pflanze haben. Während die Blüten meist unscheinbar sind, können die kleinen beerenartigen, roten, weißen, blauen oder violetten Blüten sehr auffällig sein.

Coprosma x *kirkii* bildet unbeschnitten viele lange Äste und Zweige, die sich weit ausbreiten, weshalb die Pflanze in Neuseeland auch als Bodendecker verwendet wird. In der Bonsai-Gestaltung lässt sich diese Tatsache nutzen, um eine schnelle Stammverdickung zu erzielen. Die Blätter sind lanzettförmig, klein, gegenständig, fast quirlig angeordnet und hellgrün. Die Nebenblätter sind paarweise verwachsen und stehen zwischen Blattstiel und Zweig. Die Röhrenblüten häufen sich zu dichten Köpfchen, erscheinen an der Spitze diesjähriger Triebe und verleihen der Pflanze ein schönes Aussehen.

Es gibt zwei interessante Sorten: 'Minoque' ist eine robuste Pflanze mit leuchtend grünen Blättern, während 'Variegata' graugrün und beige gefleckte Blätter aufweist.

Sofern man die Art *Coprosma lucida* im Pflanzenhandel findet, ist auch sie gut für die Gestaltung zum Bonsai geeignet. In der Natur wird sie ein lichter bis 5 m hoher kleiner Baum oder Strauch. Die breiten, glänzend grünen Blätter werden zwar recht groß, können aber durch die Bonsai-Pflege verkleinert werden. Ein besonderes Highlight bilden die 1 cm langen, orangeroten Beerenfrüchte der weiblichen Pflanzen.

STANDORT: Die Koprosma braucht viel Licht, sollte aber nicht in der prallen Sonne stehen. Bei einem sonnigen Fensterplatz sollte in der Mittagszeit entsprechend schattiert werden. Die Koprosma kann das ganze Jahr über im Zimmer gehalten werden, wobei im Winter auf eine Nachtabsenkung auf höchstens 18 °C zu achten ist. Den Sommer über kann sie halbschattig im Freien stehen.

GIESSEN: Der Wurzelballen sollte das ganze Jahr über mäßig feucht gehalten werden. Vor dem Gießen den Boden leicht antrocknen lassen. Bei der Akadama-Erde kann man das an der helleren Färbung der Oberfläche erkennen. Im Winter bei kühler Überwinterung ist der Wasserbedarf noch geringer.

DÜNGEN: Vom Frühjahr bis zum Herbst alle zwei Wochen, im Winter alle vier Wochen mit einem Flüssigdünger versorgen. Bei kühler Überwinterung unter 15 °C nicht düngen.

UMTOPFEN: Alle zwei bis drei Jahre im Frühjahr wird mit einem mäßigen Wurzelschnitt umgetopft. Eine Erdmischung aus Akadama, Rindentorf und Sand im Verhältnis 1:4:2 wird verwendet.

SCHNEIDEN: Damit Äste und Zweige schneller dick werden, lässt man die neuen Triebe auf 8 bis 10 cm heranwachsen und schneidet dann auf 1 bis 2 cm zurück. Alle Triebe, die nahe am Stammansatz wachsen, werden entfernt. Die Art eignet sich gut für die Gestaltung von Mehrfachstämmen. Dazu drückt man einige eng am Stammansatz lang wachsenden Triebe am Boden an; sie bewurzeln an der Unterseite.

DRAHTEN: Gedrahtet werden kann das ganze Jahr über. Die Triebe sollten vor dem Drahten leicht verholzt sein. Das erkennt man an dem Erscheinen der typisch hellbraunen Rindenfärbung.

Noch jung hat diese Koprosma einen langen Weg vor sich, um zu einem Bonsai-Kunstwerk zu werden. Lässt man sie regelmäßig durchtreiben und schneidet dann stark zurück, verdickt sich der Stamm recht schnell.

Dickblatt *Crassula arborescens*

Aus den trockenen, warmen Gegenden Südafrikas stammt das Dickblatt oder der Geldbaum. In der abwechslungsreichen Gattung finden wir etwa 300 verschiedene Arten und eine ganze Reihe von Zuchtformen. Ein durchgängiges Merkmal der Gattung sind die gegenständigen Blätter, deren Blattbasen sich manchmal um den Stängel herum berühren. Die Blattanordnung zeigt also immer zwei Blätter, die sich in gleicher Höhe genau gegenüber befinden. In den Blättern und dem wenig verholzenden Stamm kann die Pflanze große Mengen Wasser speichern, weshalb sie zu den so genannten Blattsukkulenten zählt. So übersteht der reich verzweigte Strauch oder kleine Baum (bis 3 m hoch) auch einmal eine kurze Trockenperiode schadlos.

Die Blätter sind etwa 4 cm groß, dunkelgrün und von einer blaugrauen Wachsschicht überzogen, die mit kleinen, dunkelgrünen Tupfern gesprenkelt ist. Im Herbst und Winter trägt die Pflanze Rispen mit kleinen, sternförmigen, hellrosa Blüten. Besonders die Zuchtform *Crassula arborescens minor* lässt sich hervorragend gestalten. Ihre kleineren Blätter passen sehr gut zu einem Miniaturbonsai.

Häufig wird die *Crassula arborescens* mit *Crassula ovata* (auch Jadebaum genannt) verwechselt. Das hervorstechendste Merkmal dieser Art sind die keilförmigen Blätter, die rot gerändert sein können.

STANDORT: Die *Crassula* kann das ganze Jahr über bei Temperaturen zwischen 8 und 22 °C im Zimmer gehalten werden. Bis zu den ersten Frösten Anfang Oktober ist ein Standort im Freien ideal. Sowohl im Zimmer als auch im Freien verträgt sie nicht nur den Halbschatten, sondern auch die volle Sonne. Selbst leichte Fröste werden im Winter ohne Schaden toleriert. Man kann also ohne Sorgen bis zum Herbst einen Standort im Freien wählen.

EXPERTEN-TIPP

Das Dickblatt verzeiht auch den einen oder anderen Fehler, weshalb es sich besonders gut als „Anfängerbonsai" eignet.

GIESSEN: Vor dem Gießen sollte man die Erde antrocknen lassen, um dann wieder ergiebig zu gießen. Auf keinen Fall sollte die Erde mit Wasser vollgesogen sein. Der Geldbaum ist eine Sukkulente, die von der Natur mit einer guten Trockenrestistenz ausgestattet ist. Wichtig ist, dass überschüssiges Gießwasser ungehindert abfließen kann und sich keine Staunässe bildet.

DÜNGEN: Vom Frühjahr bis zum Herbst wird alle vier Wochen ein Flüssigdünger verabreicht. Im Winter legt die Pflanze eine Wachstumspause ein, weshalb sie dann nicht gedüngt wird.

UMTOPFEN: Alle zwei bis drei Jahre am günstigsten im Frühjahr mit einem mäßigen Wurzelschnitt umtopfen. Eine Erdmischung aus Akadama, Rindentorf und Sand im Verhältnis 1:2:2 verwenden.

SCHNEIDEN: Die sich immer wieder am Stamm und an den dickeren Ästen bildenden Blätter werden sofort entfernt, um den Baumcharakter zu erhalten. Ansonsten lässt man die neuen Triebe bis zur gewünschten Länge heranwachsen und schneidet dann die Triebspitze ab. Zur besseren Wundverheilung sollte oberhalb eines Schnittes ein etwa 1 cm langes Triebstück stehen bleiben. Nach einiger Zeit hat sich ein Abschlussgewebe gebildet, das Triebstück trocknet oberhalb ab und kann nun entfernt werden.

DRAHTEN: Es muss sehr vorsichtig gedrahtet werden, da die Äste und Zweige leicht abbrechen und die Rinde sehr empfindsam ist. Günstiger ist es, mit Spanndrähten zu arbeiten. Meist kann aber auf das Drahten ganz verzichtet werden, da sich die Pflanze gut allein durch die richtigen Schnittmaßnahmen gestalten lässt.

In seiner Heimat bildet das Dickblatt imposante Bäume mit mächtigen Kronen. Hält man die Triebe in der Krone recht kurz, wird die Mächtigkeit der Stämme betont.

Fukien-Tee *Ehretia microphylla* (früher: *Carmona microphylla*)

Der Fukien-Tee hat seine Heimat in Südchina in der Provinz Fukien. In den Tropen wächst er zu einem immergrünen Strauch heran, der das ganze Jahr über kleine weiße Blüten trägt, aus denen sich erst grüne, später hellrote Beeren bilden. Die Blätter sind glänzend dunkelgrün mit kleinen weißen Drüsen auf der Oberseite.
Die Rinde ist bräunlich-beige und weist viele Stammatmungszellen (Lentizellen) auf. Sowohl der Stamm als auch die Äste und Zweige wachsen immer ganz gerade, wodurch nach Schnittmaßnahmen abrupte Richtungsänderungen entstehen. Verholzte Triebe sind sehr hart, so dass man nur leicht verholzte Triebe drahten sollte. Die stark verholzten Triebe hingegen brechen beim Biegen sehr schnell.

STANDORT: Das ganze Jahr über in der Wohnung an einem hellen Fenster bei Temperaturen zwischen 10 und 24 °C, jedoch vor praller Mittagssonne schützen. Im Sommer an einen halbschattigen Standort im Freien stellen. Im Winter kann der Fukien-Tee auch kühl bei etwa 10 °C aufgestellt werden.

GIESSEN: Der Wurzelballen sollte immer gleichmäßig feucht gehalten werden. Bei Ballentrockenheit stirbt die *Ehretia* sehr schnell ab. Auch auf Staunässe reagiert der Fukien-Tee sehr empfindlich. Bei geringeren Wurzelschäden durch Gießfehler werden die Blätter recht schnell abgeworfen.

DÜNGEN: Bei mäßig feuchtem Ballen besteht beim Düngen die Gefahr, dass die Wurzeln verbrennen. Daher muss der Boden zunächst gut gegossen werden und erst einige Stunden später gedüngt werden.
Vom Frühjahr bis zum Herbst sollte man den Baum alle zwei Wochen, bei warmer Überwinterung alle sechs Wochen, mit einem Flüssigdünger versorgen. Bei kühler Überwinterung nicht düngen.

UMTOPFEN: Alle zwei Jahre im Frühjahr mit einem mäßigen Wurzelschnitt. Eine Erdmischung aus Akadama, Rindentorf und Sand im Verhältnis 2:1:1 verwenden.

SCHNEIDEN: Wegen seines sparrigen Wuchses ist die Gestaltung eines Fukien-Tee nicht so einfach. Daher ist es notwendig zum richtigen Zeitpunkt zu schneiden. Man sollte den Neuaustrieb auf sechs bis acht Blätter heranwachsen lassen und dann auf zwei bis drei Blätter zurückschneiden. Stärkere Äste können das ganze Jahr über geschnitten werden.
Alle zwei bis drei Jahre sollte die Form überarbeitet werden. Dabei werden zu dicht gewachsene Astetagen ausgedünnt und trockene Äste und Zweige herausgeschnitten.

DRAHTEN: Bei richtigem Schnitt ist eine Gestaltung ohne Draht möglich. Bei bereits verholzten Trieben muss das Biegen nach dem Drahten sehr vorsichtig geschehen, da die Triebe sehr spröde sind. Am besten sind junge, gerade verholzende Triebe zu drahten. Das Verholzen junger Triebe kann man an der Farbänderung der Rinde erkennen. Die Triebrinde wechselt dann gerade ihre Farbe von grünlich nach gelblich.
Müssen dickere Triebe in ihrer Form beeinflusst werden, ist das Arbeiten mit Spanndrähten eine überlegenswerte Alternative. Hierzu werden mehrere Führungsdrähte vertikal um die Schale geführt. An diesen Drähten werden die eigentlichen Spanndrähte befestigt. Die über den Ast gelegte Drahtschlaufe sollte mit einem geeigneten Stück Gummimatte unterfüttert werden. Auf diese Weise wird die Rinde nicht so leicht verletzt und der Draht schneidet nicht so schnell ein. Nun kann man durch miteinander Verdrehen der Drahtschlaufenseiten nach und nach den Ast weiter herunterbiegen. Es ist ein vorsichtiges Vorgehen anzuraten, um einen Astbruch zu vermeiden.

Ein sehr alter Fukien-Tee in einer historischen chinesischen Schale mit farbigen Schmucktafeln. Hier wurden die Astetagen besonders gelungen herausgearbeitet.

Birkenfeige *Ficus benjamina*

Wie alle *Ficus*-Arten, die für die Zimmerkultur geeignet sind, stammt auch die Birkenfeige aus den Tropen. In ihrer Heimat Indien wächst sie zu einem stattlichen Baum von bis zu 30 m Höhe heran.
Ihren deutschen Namen hat die Birkenfeige durch ihre birkenartig überhängenden Äste und Zweige erhalten. Die Blätter sind dünn, ledrig, bis 10 x 5 cm lang und elliptisch. Sie werden gegen die Basis breiter und haben eine lang gebogene Spitze.
In den Tropen findet man übrigens bei vielen Pflanzenarten solche Abtropfspitzen an den Blättern. Durch sie fließt das reichlich vorhandene Regenwasser schneller von den Blättern ab.
Bei erhöhter Luftfeuchtigkeit bildet die Birkenfeige auch Luftwurzeln aus. Es bilden sich hierbei Wurzeln an der Unterseite der Äste, die langsam auf den Boden zuwachsen. Dieses Phänomen wird man jedoch nur in einem tropisch feucht-warmen Gewächshaus erzielen können. Mit etwas Glück findet man aber eine Pflanze in einem Gartencenter, die solche Luftwurzeln ausgebildet hat.
Die Zuchtform *F. benjamina* 'Starlight' hat panaschierte Blätter. In jedem Blatt sieht man Regionen mit viel und mit wenig Blattgrün, was die typische Scheckung ergibt.

STANDORT: Die Birkenfeige braucht das ganze Jahr über einen hellen bis halbschattigen Standort. Im Sommer sollten die Temperaturen zwischen 18 und 22 °C liegen. Im Winter darf die Temperatur nicht unter 16 °C sinken. Im Sommer ist ein Standort im Freien günstig, wobei die Pflanze langsam an die Sonne gewöhnt werden sollte, um Blattschäden zu vermeiden.

GIESSEN: Das ganze Jahr über muss der Boden eine gleichmäßige Feuchtigkeit aufweisen. Sowohl auf Staunässe als auch auf Ballentrockenheit reagiert die Birkenfeige mit Laubabwurf. Ab und zu sollte durch sanftes Überbrausen mit zimmerwarmem, kalkarmem Wasser der Staub von den Blättern abgespült werden. Im Sommer erledigt diese Arbeit im Freien der Regen.

DÜNGEN: Vom Frühjahr bis zum Herbst alle zwei Wochen mit einem Flüssigdünger versorgen. Im Winter wird nur bei kühlerer Überwinterung alle vier Wochen gedüngt. Bei höheren Temperaturen im Winter auch alle zwei Wochen düngen.

UMTOPFEN: Das Wurzelwachstum der Birkenfeige kann sehr langsam sein. Ein genaues Zeitintervall für das Umtopfen zu nennen fällt daher schwer. Daher wird alle zwei bis drei Jahre im Frühjahr der Zustand des Wurzelballens kontrolliert. Ist der Schalenraum mit Wurzeln ausgefüllt, wird mit einem mäßigen Wurzelschnitt in eine Mischung aus Akadama, Rindentorf und Sand im Verhältnis 1:4:1 umgetopft. Ist noch genügend Raum für weiteres Wurzelwachstum vorhanden, wird erst ein oder zwei Jahre später umgetopft.

SCHNEIDEN: Neue Triebe lässt man auf sechs bis acht Blätter heranwachsen und schneidet dann auf zwei bis drei Blätter zurück. Größere Blätter, aus deren Achseln neue Zweige gewachsen sind, werden regelmäßig entfernt. Aus allen Schnittstellen tritt weißer Milchsaft aus, der eintrocknet und dann einen guten Wundverschluss darstellt. Der Gummisaft klebt nach den Schnittmaßnahmen häufig unangenehm am Schnittwerkzeug. Mit etwas Reinigungsbenzin sollte das Werkzeug daher anschließend gereinigt werden, da sonst leicht anhaftende Krankheitserreger, wie Bakterien oder Viren, von Pflanze zu Pflanze übertragen werden können.

DRAHTEN: Nur bereits verholzte Zweige und Äste werden bei Bedarf gedrahtet. Den Draht nach einem halben Jahr wieder entfernen.

Eine Dreiergruppe aus Ficus benjamina *'Starlight' mit einem Felsen in der Ferne und einem Kiesweg stellt eine Landschaft dar. Die panaschierten Blätter vermitteln eine leichte Frische.*

Buchsbaumblättrige Feige *Ficus leprieurii*

Die Botaniker haben vor einigen Jahren die Buchsbaumblättrige Feige von *Ficus buxifolia* in *Ficus leprieurii* umbenannt. Solche Neubennungen finden immer dann statt, wenn zum Beispiel neue Erkenntnisse über die Verwandtschaftsverhältnisse im Pflanzenreich beziehungsweise den entsprechenden Gattungen gefunden werden.
In ihrer afrikanischen Heimat, dem Kongo-Gebiet, wird diese Feige ein großer Strauch bis kleiner Baum. Das Klima in unserer Wohnung ähnelt, bis auf die trockene Luft, dem ihrer Heimat. Regelmäßiges Übersprühen der Blätter kann daher nicht schaden.
Die verkehrt eiförmigen, ledrigen, dunkelgrünen Blätter erinnern an die des Buchsbaumes.
Äste und Zweige sind dünn und biegsam, bringen aber eine dichte Verzweigung hervor. Auch der Stamm wird nicht schnell dick.
Da die Art recht schnell wachsend ist, kann man dennoch einen ansehnlichen Stamm ausbilden. Dazu lässt man die neu wachsenden Triebe mehrfach lang (auf mehr als zwölf Blätter) durchtreiben und schneidet dann stark, auf zwei bis drei Blätter, zurück. Die nachfolgenden Triebe lässt man wieder lang auswachsen und schneidet dann erneut stark zurück. Nach mehreren „Wachsen-lassen-und-schneiden"-Perioden hat der Stamm deutlicher an Dicke zugenommen.
Schon in jungen Jahren bilden sich in den Blattachseln der Spitzenblätter meist zwei kleine, zunächst grüne Feigen. Leider reifen die Früchte jedoch unter den Bedingungen in unseren Wohnräumen häufig nicht aus.

STANDORT: Die Buchsbaumblättrige Feige braucht das ganze Jahr über einen hellen bis halbschattigen Standort ohne direkte Sonneneinstrahlung. Im Sommer sollten die Temperaturen zwischen 20 und 28 °C liegen. Im Winter darf die Temperatur nicht unter 16 °C fallen.
Sobald die Temperaturen im Frühling konstant über 16 °C bleiben, wird die Pflanze ins Freie in den Halbschatten gestellt.

GIESSEN: Der Ballen sollte vor dem Gießen leicht antrocknen, ohne dabei auszutrocknen. Weder Ballentrockenheit noch Staunässe werden von der Pflanze vertragen. Auf beide Gießfehler reagiert die Buchsbaumblättrige Feige mit vorzeitigem Laubabwurf und Wurzelsterben.

DÜNGEN: Vom späten Frühjahr bis zum frühen Herbst alle zwei Wochen mit einem Flüssigdünger versorgen, im Winter nur alle vier bis sechs Wochen.

UMTOPFEN: Im zeitigen Frühjahr alle zwei bis drei Jahre nach einem Wurzelschnitt in eine Mischung aus Akadama, Rindentorf und Sand im Verhältnis 1:4:1 umtopfen.

SCHNEIDEN: Da bei dieser *Ficus*-Art das Dickenwachstum nur sehr langsam ist, lässt man zur Verdickung den Neuaustrieb sehr lang auswachsen (etwa 30 cm) und schneidet dann auf zwei bis drei Blätter zurück. Für die feine Verästelung lässt man ihn auf zehn bis zwölf Blätter auswachsen und kürzt dann auf zwei bis drei Blätter ein.

DRAHTEN: Am besten werden die Triebe im späten Frühjahr gedrahtet, da sie danach am meisten Holzmasse produzieren und sich die gedrahteten Triebe somit schneller in der neuen Form stabilisieren. Dickere Triebe lassen sich wegen ihrer Brüchigkeit nur schlecht drahten.

EXPERTEN-TIPP

Die beschriebenen *Ficus*-Arten lassen sich relativ einfach durch Stecklinge vermehren. Man kann sowohl Kopf- (von der Triebspitze) als auch Triebstecklinge (mehrere Stecklinge aus einem längeren Trieb geschnitten) verwenden. Zur Vermehrung verwendet man ein Vermehrungssubstrat aus dem Gartencenter.

Über einem kurzen Stamm erhebt sich eine halbkugelige Krone bei der Buchsbaumblättrigen Feige. Zu den äußeren Astspitzen hin wird die Verzweigung immer feiner.

Banyan-Baum *Ficus micocarpa* (früher: *Ficus retusa*)

Aus Ostindien und Ceylon kommt diese Feigen-Art. Ihr äußeres Erscheinungsbild erinnert an die Birkenfeige, sie ist im Wuchs aber kräftiger als diese. Ausgewachsen wird dieser Baum bis zu 30 m hoch und kann dann dichte Vorhänge aus Luftwurzeln bilden. In der Bonsai-Kultur bilden sich solche Luftwurzeln aber nur in der feucht-warmen Luft eines warmen Gewächshauses aus.

Die Blätter sind oval bis rhombisch, ledrig und glänzend grün. Wie bei vielen Feigen-Arten laufen die Blätter in eine so genannte Träufelspitze aus, die bei Regen das Wasser dem Wurzelballen schnell zuführt und das Regenwasser schnell abperlen lässt, so dass die Blätter in der feucht-warmen Schwüle schneller abtrocknen.

Bei vielen älteren Bonsai dieser Art finden wir einen besonders schön ausgeprägten Wurzelhals. Solche Wurzelhälse entstehen häufig durch die Verschmelzung von ehemaligen Luftwurzeln mit dem schnell dicker werdenden Stamm des Baumes. Dünnere Stämme lassen sich rasch verdicken, indem man mehrere Triebe sehr lang auswachsen lässt und sie danach stark einkürzt oder ganz herausschneidet.

STANDORT: Der Banyan-Baum benötigt einen vollsonnigen, warmen Standort mit Temperaturen zwischen 15 und 28 °C. Lediglich in der größten Sommerhitze sollten die Blätter vor der prallen Sonne geschützt werden. Im Sommer liebt sie einen hellen Standort im Freien.

GIESSEN: Der Ballen sollte vor dem Gießen leicht antrocknen, ohne dabei auszutrocknen. Weder Ballentrockenheit noch Staunässe werden von der Pflanze vertragen.

DÜNGEN: Vom späten Frühjahr bis zum frühen Herbst alle zwei Wochen mit einem Flüssigdünger düngen, im Winter nur alle vier bis sechs Wochen. Stellt der Baum im Winter sein Wachstum ein, wird gar nicht gedüngt.

UMTOPFEN: Im zeitigen Frühjahr alle zwei bis drei Jahre in eine Mischung aus Akadama, Rindentorf und Sand im Verhältnis 1:3:2 mit einem Wurzelschnitt umtopfen. Vor dem Wurzelschnitt sollte die Erde leicht antrocknen. Zum einen löst sich dann die alte Erde leichter von Wurzeln und zum anderen lässt sich der Wurzelfilz leichter entwirren.

SCHNEIDEN: Junge Triebe lässt man auf sechs bis acht Blätter heranwachsen und schneidet dann auf zwei bis drei Blätter zurück. Gleichzeitig werden übergroße Blätter entfernt. Dabei schneidet man nur die Blattflächen ab und lässt die Blattstiele stehen. Senkrecht nach oben wachsende Äste und Zweige werden herausgeschnitten, da ihr Wachstum sonst verstärkt und das Wachstum anderer Triebe unterdrückt wird. Zur besseren Verzweigung kann man auch alle drei bis vier Jahre im Frühsommer einen vollständigen Blattschnitt durchführen. Dabei werden alle Blattflächen abgeschnitten, während die Blattstiele stehen bleiben. Nach etwa vier Wochen haben sich neue Blätter gebildet.

Alle zwei bis drei Jahre sollte die Form gründlich überarbeitet werden. Manchmal wirkt hier ein starker Rückschnitt als Auslöser für ein dichteres Wachstum.

DRAHTEN: Juli und August sind die günstigste Drahtungszeit. Wegen der dünnen Rinde sollte man den Draht sehr vorsichtig anlegen. Leicht wird die Rinde beim Drahten weggedrückt. Unschöne Narben können die Folge sein. Nach einem halben Jahr wird der Draht wieder entfernt. Sobald er einzudrücken beginnt, wird er natürlich sofort entfernt. Das kann bei Bäumen, deren Triebe man zum Dickenwachstum durchtreiben lässt, schon nach sechs bis acht Wochen der Fall sein.

Die vielen Luftwurzeln, die nach dem Einwachsen in die Erde zu echten Wurzeln werden, verleihen dem Banyan-Baum ein mächtiges Aussehen. Diese Wurzeln wachsen nur bei der sehr hoher Luftfeuchtigkeit.

Oleanderblättrige Feige *Ficus neriifolia*

Diese Feigen-Art ist für den Bonsai-Freund ihrer kleinen Blätter wegen sehr interessant. Sie hat schmale, lanzettliche, ledrige, dunkelgrüne Blätter, die bei ausreichendem Licht dicht beieinander stehen. Im Winter verliert die Oleanderblättrige Feige häufig ihr ganzes Laub.

Der Stamm nimmt rasch an Dickenwachstum zu. Meist wächst er ganz gerade und trägt eine weit ausladende, schirmförmige Krone.

Im Unterschied zu vielen anderen *Ficus*-Arten kann man schon bei recht jungen Oleanderblättrigen Feigen einen schönen Stammfuß herausarbeiten. Durch diese Eigenschaft wird schon früh der Eindruck eines großen Baumes in der freien Natur erzeugt.

Den Namen verdankt diese Feige ihrer Blattform. Die rötlichen Knospen bringen zusätzliche Farbe.

STANDORT: Die Oleanderblättrige Feige braucht einen vollsonnigen, warmen Standort mit Temperaturen zwischen 15 und 24 °C. Besonders der Ballen sollte warm gehalten werden, weshalb ein Standort über der Heizung günstig ist. Im Sommer liebt sie einen vollsonnigen Standort im Freien. Auf abrupte Standortwechsel, Staunässe und Ballentrockenheit reagiert sie mit Blattabwurf.

GIESSEN: Die Erde sollte vor dem Gießen leicht antrocknen, ohne dabei auszutrocknen. Nach einem Laubabwurf im Winter wird nur mäßig gegossen.

DÜNGEN: Vom späten Frühjahr bis zum frühen Herbst alle zwei bis drei Wochen mit einem Flüssigdünger düngen. Im Winter nur alle vier bis sechs Wochen Dünger geben. Bei Bäumen, die ihr Laub im Herbst abgeworfen haben, wird im Winter nicht gedüngt. Erst wenn das Blattwachstum einsetzt, wird wieder mit dem Düngen begonnen.

EXPERTEN-TIPP

Alle *Ficus*-Arten werden relativ leicht von Schädlingen befallen. Schildläuse und Spinnmilben saugen an der Unterseite der Blätter und an Stamm und Zweigen. Die Spinnmilben kann man gut an den typischen weißlichen Gespinsten erkennen. Ihr Bonsai-Händler wird Ihnen bei Befall häufig zu einem systemischen Mittel raten. Die Wirkstoffe werden über die Wurzeln aufgenommen und wirken somit von innen auf die Schädlinge.

UMTOPFEN: Im zeitigen Frühjahr alle zwei bis drei Jahre in eine Mischung aus Akadama, Rindentorf und Sand im Verhältnis 1:4:1 nach einem Wurzelschnitt umtopfen.

SCHNEIDEN: Während der Wachstumszeit lässt man die Neutriebe auf zehn bis zwölf Blätter heranwachsen und schneidet dann auf zwei bis drei Blätter zurück. Alle Triebe, die im Innern der Krone quer durchwachsen und alle senkrecht nach oben wachsenden Triebe werden ganzjährig entfernt. Große Blätter sollten ebenfalls entfernt werden, da aus ihren Blattachseln verstärkt neue Triebe wachsen.

DRAHTEN: Drahtungszeit ist hier Juli und August. Alle bereits verholzten Triebe können nun gedrahtet werden. Bei dickeren Baumteilen muss sehr vorsichtig gedrahtet werden, da sie beim Biegen leicht abknicken. Nach einem halben Jahr wird der Draht wieder entfernt.

Die drei Stämme der Oleanderblättrigen Feige wachsen aus einem gemeinsamen Wurzelballen und bilden so einen Dreierstamm. Hier kann man auch gut die typische, streifige Rindenstruktur erkennen.

Orangenjasmin *Murraya paniculata*

Dieser immergrüne, baumartig wachsende Strauch kommt aus Indien. Die Rinde ist glatt und hat eine helle Ockerfarbe. Da er relativ schnellwüchsig ist, erhält man innerhalb weniger Jahre einen Bonsai mit ausgeprägtem Stamm, wenn man die Triebe einige Jahre lang immer wieder lang durchtreiben lässt. Die Blätter sind glänzend grün und unpaarig gefiedert. Das bedeutet, dass sich jedes Blatt aus einer ungeraden Zahl von Einzelblättchen zusammensetzt. Diese sind rautenförmig mit einer runden Spitze. Interessant bei der *Murraya* ist, dass auch die Blätter aromatisch duften, wenn man sie zwischen den Finger zerreibt.

Attraktiv sind nicht nur die weißen Blüten, sondern auch die roten Beerenfrüchte. Die Blüten stehen in dichten Büscheln an den Triebspitzen, verströmen einen starken Duft und erinnern in ihrer Form an Orangenblüten. Sie erscheinen zum ersten Mal im Frühjahr und danach immer wieder in Abständen den ganzen Sommer über. Wenn die Früchte ausgereift sind, keimen die frischen Samen sehr leicht, sobald man sie in die Erde legt.

STANDORT: Die *Murraya* benötigt einen hellen, aber sonnengeschützten Platz bei Temperaturen zwischen 20 und 22 °C. Auch im Winter dürfen sie nicht unter 12 °C absinken. Da für ein gesundes Wachstum eine erhöhte Luftfeuchtigkeit benötigt wird, ist ein Standort in einem Gewächshaus wünschenswert. Im normalen Zimmer muss täglich übersprüht werden oder auf andere Weise für eine erhöhte Luftfeuchtigkeit gesorgt werden. Im Sommer ist ein halbschattiger Standort im Freien zu wählen. Sobald die Temperaturen nachts unter 12 °C sinken, sollte die Pflanze nachts hereingeholt werden.

GIESSEN: Der Wasserbedarf ist in der Wachstumszeit sehr hoch. Die Erde muss in dieser Zeit stets feucht gehalten werden, sie darf jedoch nicht zu nass sein. Bei kühler Überwinterung wird der Wasserbedarf deutlich geringer und wir können den Boden etwas trockener halten.

DÜNGEN: In der Wachstumszeit alle zwei Wochen mit einem Flüssigdünger düngen. Bei einer warmen Überwinterung über 18 °C alle vier bis sechs Wochen, bei kühler Überwinterung nicht düngen.

UMTOPFEN: Im zeitigen Frühjahr bei gut durchwurzeltem Ballen in eine Mischung aus Akadama, Rindentorf und Sand im Verhältnis 2:2:1 mit einem Wurzelschnitt umtopfen. Das kann je nach Wachstumsbedingungen (Zimmer oder Gewächshaus) alle zwei bis drei Jahre sein.

SCHNEIDEN: Da sich die Blüten etwa im Mai an den Spitzen diesjähriger Triebe bilden, wird erst nach der Blütezeit zurückgeschnitten. An den Spitzen der nachfolgenden Triebe können sich mit etwas Glück wieder neue Blüten bilden. Will man die attraktiven roten Früchte erhalten, sollten die fruchttragenden Triebe nicht geschnitten werden. Ansonsten lässt man junge Triebe auf sechs bis sieben Blätter wachsen oder wartet, bis sie zu verholzen beginnen, und schneidet dann auf zwei bis drei Blätter zurück. Bei entsprechend frühzeitigem Schnitt erhält man relativ schnell einen dicht verzweigten Bonsai.

DRAHTEN: Dicke Äste lassen sich nur schwer biegen, weshalb man beim Drahten sehr vorsichtig sein muss. Es ist sinnvoll, die Formkorrektur mit Spanndrähten in Etappen vorzunehmen. Wegen der dünnen Rinde sollte man unter die Drahtschlaufen, die über die Äste geführt werden, eine Unterpolsterung mit Gummistreifen legen. Junge Triebe werden erst gedrahtet, wenn sie verholzt sind. Das Verholzen der Triebe erkennt man an der Veränderung der Rindenfarbe – Wechsel von Olivgrün nach leicht Ockerfarben.

Dieser alte Orangenjasmin wurde in China gestaltet. Für die chinesische Bonsai-Gestaltung gelten andere Regeln als in Japan. Hier werden die Bäume urwüchsiger und nach weniger festen Regeln gestaltet.

Myrsine *Myrsine africana*

Die ledrigen Blätter sind an der Spitze eingekerbt.

Die Myrsine ist im südlichen Afrika, in Südchina und in Indien beheimatet. Hier wächst sie zu einem 60 bis 100 cm hohen, regelmäßig und reich verzweigten Bäumchen heran. Gut verzweigte Myrsinen-Bonsai mit einem deutlichen Stamm sind kleine Kostbarkeiten, da sie nur sehr langsam wachsen. Ihre kleinen Blätter sind ledrig, dunkelgrün und häufig an der Spitze leicht eingekerbt. Die Blätter sind wechselständig angeordnet. Aus den Blattachseln spitzenständiger Blätter wachsen kleine weiße Blüten. Die männlichen und weiblichen Blüten sitzen auf getrennten Pflanzen. Aus den befruchteten Blüten entwickeln sich purpurblaue Früchte, die die eigentliche Attraktivität der Pflanze ausmachen, stellen sie doch einen herrlichen Kontrast zu den dunkelgrünen Blättern dar. Um diese Früchte zu erhalten, braucht man beide Geschlechter, also zwei Pflanzen, wobei die männliche Pflanze nicht unbedingt zum Bonsai gestaltet werden muss. Bei kühlem Standort im Winter bleiben die Früchte länger an der Pflanze.
Vermehren kann man die Myrsine durch Samen. Ist das Geschlecht einer Pflanze bekannt, lohnt es sich auch die Pflanzen durch Stecklinge zu vermehren. Den größten Erfolg hat man hier mit leicht verholzten Stecklingen, die man aus diesjährigen Trieben gewinnen kann.

STANDORT: Die Myrsine braucht einen hellen, sonnigen Standort mit Temperaturen zwischen 15 und 22 °C und erhöhter Luftfeuchtigkeit. Wenn sich die Beeren gebildet haben, sollte sie kühler stehen, damit diese sich länger halten. Im Sommer ist sie für einen sonnigen Standort im Freien dankbar.

GIESSEN: Während der Blütezeit und in der Zeit der Fruchtbildung ist der Wasserbedarf erhöht. Die Erde sollte jetzt niemals ganz austrocknen. In der übrigen Zeit sollte der Boden immer feucht gehalten werden, wobei aber Staunässe vermieden werden sollte.

DÜNGEN: In der Wachstumszeit alle zwei Wochen einen Flüssigdünger geben. Während der Blütezeit nicht düngen, im Winter alle sechs Wochen.

UMTOPFEN: Im zeitigen Frühjahr in eine Mischung aus Akadama, Rindentorf und Sand im Verhältnis 2:2:1 mit einem Wurzelschnitt umtopfen.

SCHNEIDEN: Die Blüten und Früchte bilden sich aus den Blattachseln spitzenständiger Blätter; daher wird die Pflanze erst nach dem Fruchtabwurf wieder in Form gebracht. Junge Triebe lässt man auf sechs bis sieben Blätter wachsen und schneidet sie dann auf zwei bis drei Blätter zurück. Im zeitigen Frühjahr sollte die Form überarbeitet werden. Jetzt werden alle Triebe auf wenige Blattansätze zurückgesetzt. Auf diese Weise erzeugt man viele junge Triebe, an denen sich dann auch wieder Blüten bilden können.

DRAHTEN: Mit dem Drahten wartet man auf den Abwurf der Früchte und drahtet dann nur bereits verholzte Triebe. Meist ist eine Drahtung aber gar nicht erforderlich, da sich die Pflanze auch gut nur durch den Schnitt gestalten lässt.

EXPERTEN-TIPP

Bei allen langsam wachsenden Baum- und Straucharten lohnt es sich, die Pflanzen über mehrere Jahre in einem größeren Anzuchtgefäß zu pflegen. Hier können sich die Pflanzen schneller entwickeln und in kürzerer Zeit einen stärkeren Stamm ausbilden. Erst danach werden sie in eine Bonsai-Schale umgesetzt und die Feingestaltung kann beginnen.

Eine noch junge Myrsine, in Besenform gestaltet. In den nächsten Jahren wird der Stamm an Dicke zunehmen, wenn man die Triebe mehrfach langsam auswachsen lässt und dann wieder stark zurückschneidet.

Speckbaum, Elefantenstrauch *Portulacaria afra*

Der Speckbaum kommt aus dem südlichen Afrika und wächst dort in Gebieten mit nur geringen Niederschlägen. Als Anpassung an diesen Lebensraum kann er sowohl im Stamm und den Ästen als auch in den fleischigen Blättern verhältnismäßig viel Wasser speichern. Er ist die einzige Art dieser Gattung, kommt aber in verschiedenen Varietäten vor: 'Tricolor' hat grüne, cremefarbene und rosa getönte Blätter, während 'Variegata' weiße Blattränder aufweist.

Zum Schutz gegen eine unkontrollierte Wasserverdunstung sind die Blätter von einer dichten Wachsschicht überzogen, wodurch sie seidig-glatt und lindgrün erscheinen. Typischerweise sind die Blätter gegenständig angeordnet. Stamm, Äste und Zweige sind deutlich in ringförmige Abschnitte unterteilt. Wird zwischen zwei Ringen zurückgeschnitten, trocknet der verbliebene Ast bis zum nächsten Ring zurück und dieser Teil fällt schließlich ab. Diese Erscheinung wird als Anpassung an den natürlichen Lebensraum gedeutet, wird er doch in der freien Natur gern von Wild- und auch Haustieren als Futterpflanze genutzt. An den Fraßstellen kommt es so nicht auch noch zu einem größeren Wasserverlust durch schlecht heilende Wunden.

Die eher unscheinbaren Blüten werden an der Spitze junger Triebe gebildet, aber leider nur selten in der Topfkultur, weshalb wir auch kaum die kleinen, rötlichen, dreieckigen Beeren sehen können.

Will man selbst vermehren, geht das am einfachsten durch so genannte Kopfstecklinge. Dazu schneidet man entsprechend lange Triebspitzen, lässt sie zwei bis drei Wochen antrocknen und steckt sie dann in ein geeignetes Vermehrungssubstrat. Schon nach wenigen Wochen haben sich einige Wurzeln gebildet und die Jungpflanzen können vereinzelt werden.

Standort: Der Speckbaum kann sowohl in der vollen Sonne als auch im Halbschatten stehen. Je heller der Standort ist, umso kompakter wird sein Wuchs. Er kann ganzjährig im Zimmer stehen, empfindet es aber als angenehm, den Sommer im Freien zu verbringen. Im Winter verträgt er auch Temperaturen um 10 °C, darf aber auf keinen Fall Frost abbekommen.

Giessen: Vor jedem Gießen sollte die Erde erst gut antrocknen. Wegen seiner guten Wasserspeicherfähigkeit verträgt er auch einmal vier Wochen ohne Wassergabe. Spätestens wenn die Blätter leicht schrumpelig werden, sollte wieder gewässert werden.

Düngen: In der Wachstumszeit alle vier Wochen mit einem Flüssigdünger düngen. Im Winter braucht, vor allem bei kühler Überwinterung, kein Dünger gegeben zu werden.

Umtopfen: Im späten Frühjahr in eine Mischung aus Akadama, Rindentorf und Sand im Verhältnis 2:1:2 mit einem Wurzelschnitt umtopfen.

Schneiden: Sobald sich fünf bis sechs Blattpaare gebildet haben, schneidet man auf ein bis zwei zurück. Um eine gute Transparenz zu erhalten, werden neu wachsende Triebe direkt am Stamm oder an der Basis dickerer Äste entfernt. Bei jedem Schnitt lässt man ein kurzes Triebstück stehen, das bald bis zum nächsten Triebring zurücktrocknet und abfällt. Auf diese Weise bildet sich ein wasserdichtes Abschlussgewebe und es muss keine für den Baum aufwändige Wundverheilung stattfinden.

Drahten: Der Speckbaum lässt sich gut ohne Draht gestalten. Für ein ausladenderes Wachstum kann mit Spanndrähten gearbeitet werden. Vorsichtig werden diese nach und nach verkürzt, bis die beabsichtige Formveränderung stattgefunden hat.

Hierbei sollte man sich relativ viel Zeit lassen, da die Zweige wegen des hohen Wassergehaltes relativ leicht abknicken.

Kräftige Wurzeln umklammern einen Felsen. Darüber erhebt sich der in frei aufrechter Form gestaltete Stamm des Speckbaumes. Besondere Spannung bringt der kräftige und lange Hauptast in die Gestaltung.

Lackblatt, Strahlenaralie *Schefflera arboricola*

Fast alle tropischen und subtropischen Regionen der Erde beherbergen zahlreiche der über 700 Arten dieser Gattung (kleine Bäume, Sträucher, Kletterpflanzen). Typisch für sie sind die aus mehreren gleich großen Fiedern, die strahlenförmig am Ende langer Stängel sitzen, zusammengesetzten, handförmigen Blätter. An der Spitze der diesjährigen Triebe zeigen sich unzählige grünlich gelbe Blüten. Aus ihnen entstehen später orangefarbene Früchte, die bei Reife rotviolett werden.

Die bei uns häufig als Zimmerpflanze kultivierte *Schefflera actinophylla* ist wegen ihrer sehr großen Fiederblätter für die Bonsai-Kultur nicht geeignet. Gut für die Gestaltung zum Bonsai lässt sich hingegen *Schefflera arboricola* verwenden. Diese Art kommt nur auf Taiwan vor und wird dort 2 bis 4 m hoch. Häufig bildet sie schon in Bodennähe viele neue Zweige aus, weshalb man sie gut als Mehrfachstamm gestalten kann. Auch ihre Schnittverträglichkeit macht sie zu einer geeigneten Bonsai-Pflanze. Ein Fiederblatt besteht aus fünf bis zehn Teilblättern, die auf einem bis zu 15 cm langen Blattstiel sitzen.

Oft entstehen auch Luftwurzeln, die, wenn sie den Boden erreichen, richtige Wurzeln ausbilden und als neue Teilstämme die Pflanze zusätzlich stützen.

Eine mehr oder weniger starke Verzweigung entwickelt sich nur, wenn die jeweiligen Triebspitzen immer wieder entfernt werden. Aus den Blattachseln, aber auch oberhalb der älteren Blattnarben, treibt die Pflanze mit neuen Trieben aus. Wegen ihrer doch recht großen Blätter eignet sich die *Schefflera* in erster Linie für die Gestaltung größerer Bonsai.

Die Zuchtformen 'Renate' und 'Samoa Snow' haben grün-weiß panaschierte Blätter.

STANDORT: Damit die Blattstiele kurz und die Blattflächen relativ klein bleiben, sollte ein möglichst heller und sonniger Fensterplatz zur Verfügung stehen. Die richtigen Temperaturen liegen im Sommer zwischen 18 und 28 °C und im Winter nicht unter 15 °C, wodurch ein ganzjähriger Standort im Zimmer möglich ist. Aber auch hier entwickelt sich die Pflanze besser, wenn sie im Sommer einen halbschattigen Standort im Freien bekommt.

GIESSEN: Der Boden sollte nur mäßig feucht gehalten werden, damit die Blätter nicht zu groß werden. Staunässe und Bodentrockenheit sind zu vermeiden. Günstig wirkt sich ein regelmäßiges Übersprühen aus. Im Winter sollte nur mäßig gewässert werden.

DÜNGEN: In der Wachstumszeit alle vier Wochen mit einem Flüssigdünger mit geringem Nitratanteil düngen. Im Winter sollte nicht gedüngt werden.

UMTOPFEN: Die Pflanze alle zwei Jahre im Frühjahr mit einem Wurzelschnitt versehen und in eine Mischung aus Akadama, Rindentorf und Sand im Verhältnis 1:1:1 umtopfen.

SCHNEIDEN: Um eine baumartige Verzweigung aufzubauen, werden die Triebspitzen, sobald der jeweilige Trieb die gewünschte Länge erreicht hat, abgeschnitten. Gleichzeitig werden zu große Blätter entfernt. Dabei lässt man die Blattstiele stehen. Sie fallen nach etwa vier Wochen von selbst ab. Das ist notwendig, damit sich ein gesundes Blattnarbengewebe bilden kann. Hierdurch werden zudem die in den Blattachseln sitzenden Knospen zum Austrieb gebracht, wodurch eine regelmäßigere Verzweigung gesteuert werden kann.

DRAHTEN: Noch grüne, wenig verholzte Triebe können bereits geformt werden, müssen aber sehr vorsichtig gedrahtet werden, da die Rinde beim Drahten leicht verletzt wird. Bei dickeren Trieben ist im Mai die richtige Zeit, um mit Hilfe von Draht eine Formkorrektur vorzunehmen.

Die Gestaltung dieser Schefflera ist dadurch entstanden, dass man die kräftigen Wurzeln freigelegt und zu Stämmen umfunktioniert hat. Solch eine Gestaltung nennt man dann folgerichtig „Wurzelstamm".

Kirschmyrte *Syzygium paniculatum* (früher: *Eugenia paniculata*)

Früher ordnete man die 400 bis 500 Arten der immergrünen Sträucher und Bäume der heutigen Gattung *Syzygium* der Gattung *Eugenia* zu.

In ihrer Heimat Australien wird die Kirschmyrte zu einem großen Strauch oder einem kleinen Baum von bis zu 3 m Höhe. Die Blätter sind immergrün, relativ dünn, elliptisch und dunkelgrün glänzend und sitzen an rötlichen Blattstielen. Sie stehen entweder gegenständig oder bilden Quirle zu dreien. In der vollen Sonne färben sich die jungen Blätter an den Triebspitzen leuchtend rot und heben sich so vom dunkelgrünen Blätterdach ab.

Die Rinde ist dünn, ihre Farbe bräunlich bis bronzefarben, bei manchen Varietäten auch grünlich schimmernd.

Eine besondere Attraktion stellen die rein weißen bis gelblich weißen Blüten dar, die im Juni und Juli in Büscheln an verholzten Kurztrieben erscheinen und aromatisch duften. Die langgriffeligen, beweglichen Staubgefäße bilden kleine flauschige Büschel, die an die Blüten der Myrte erinnern.

Die sehr dekorativen Früchte sind eiförmig, fleischig und feuerrot bis violett. Die Form der Früchte variiert zwischen oval und rundlich.

Die auffälligen Früchte der Kirschmyrte

STANDORT: Das ganze Jahr über ist ein sonniger Fensterplatz möglich. Von Anfang Juni bis Ende September lassen die Temperaturen auch einen vollsonnigen Standort im Freien zu.

GIESSEN: Im Sommer muss viel gegossen werden, wobei man die Erde vorher immer leicht antrocknen lassen sollte. Sowohl Trockenheit als auch Staunässe werden mit Laubabwurf beantwortet. Im Winter sollte die Erde gleichmäßig feucht gehalten werden.

DÜNGEN: Vom Frühjahr bis zum Herbst alle zwei Wochen mit einem Flüssigdünger, im Winter alle vier Wochen düngen.

UMTOPFEN: Meist hat der Wurzelballen nach ein bis zwei Jahren den Schalenraum ausgefüllt. Jetzt wird im Frühjahr mit einem kräftigen Wurzelschnitt in eine Erdmischung aus Akadama, Rindentorf und Sand im Verhältnis 1:1:1 umgetopft. Beim Wurzelschnitt entfernt man vor allem die etwas dickeren Wurzeln im Ballen, während man die feinen Wurzeln weitgehend schont.

SCHNEIDEN: Junge Triebe lässt man auf sechs bis acht Blattpaare oder Quirle heranwachsen und schneidet sie dann auf ein bis zwei Blattansätze zurück. Durch einen Teilblattschnitt kann man die Bildung von Kurztrieben anregen und so für eine größere Blütenpracht im nächsten Jahr sorgen. Regelmäßig werden quer oder steil wachsende Zweige herausgeschnitten. Mit Rücksicht auf die Blüten- und Fruchtbildung werden Kurztriebe erst nach der Fruchtreife beschnitten.

DRAHTEN: Entweder im März oder im Spätsommer werden bereits verholzte Triebe vorsichtig gedrahtet. In der übrigen Zeit können Äste und Zweige mit Spanndrähten gestaltet werden.

Selten findet man eine Kirschmyrte in so ausgewogener Gestaltung. Hier bieten dichter Wuchs und Transparenz eine besonders harmonische Spannung. Der kräftige Stamm trägt die Krone mit Leichtigkeit.

Bougainvillee *Bougainvillea glabra*

Bougainvilleen werden wegen ihrer wundervollen, farbenprächtigen Scheinblüten weltweit als Zierpflanzen geschätzt. Zu der Gattung zählen 14 Arten aus dem tropischen und subtropischen Südamerika, von denen drei bis vier als Zierpflanzen angeboten werden. In den Feuchttropen sind die Pflanzen immergrün, können aber bei kühlerer Haltung oder in ausgeprägten Trockenzeiten ihre Blätter im Herbst auch abwerfen.
Die lang wachsenden Zweige bilden neben den glänzend grünen, leicht behaarten Blättern auch Dornen aus. Bei den Dornen handelt es sich um kurz wachsende Nebentriebe. Besonders auffallend sind die meist violetten Scheinblüten. Diese werden von so genannten Hochblättern gebildet. Jeweils drei Hochblätter umschließen die eigentliche unscheinbare, weiße Blüte. Für eine reiche Blütenbildung ist nicht nur eine kühle Überwinterung, sondern auch ein heller Standort, im Sommer möglichst im Freien, notwendig. Die Blüten erscheinen immer an den neuen Trieben, weshalb man bei der Gestaltung zum Bonsai auf die Blütenbildung keine Rücksicht nehmen muss.

STANDORT: Im Sommer ist ein Standort im Freien absolut erforderlich. Der Platz sollte warm und sonnig sein. Für den Winter braucht man ein Gewächshaus oder einen Raum mit Temperaturen von 6 bis 12 °C. Das Laub wird im Winter entweder ganz oder teilweise abgeworfen. Wie schon erwähnt, hängt der Laubabwurf stark vom Winterstandort ab. Verfügt man über ein warmes Gewächshaus mit tropischen Verhältnissen, wirft die *Bougainvillea* nur überalterte Blätter ab.

GIESSEN: Im Sommer und während der Blütezeit muss der Boden immer gut durchfeuchtet sein, ohne dass dabei Staunässe entsteht. Im Winter wird nur sehr mäßig gegossen, wobei der Boden aber nie ganz austrocknen darf.

DÜNGEN: Mit einer wöchentlichen Düngung beginnt man im Frühjahr mit den ersten Blüten. Bis Ende August wird jede Woche einmal Flüssigdünger gegeben. Im Winter darf nicht gedüngt werden. Für eine reiche Blütenpracht sollte man einen stickstoffarmen Dünger verwenden.

UMTOPFEN: Alle zwei Jahre vor dem Neuaustrieb oder im Oktober in eine Mischung aus Akadama, Rindentorf und Sand im Verhältnis 2:2:1 mit einem Wurzelschnitt umtopfen.

SCHNEIDEN: Die Pflanze versucht immer wieder, ihrer Art entsprechend Klettertriebe auszubilden. Unbeschnitten werden solche Triebe sehr lang und unser Bonsai gerät schnell außer Form. Diese Langtriebe lässt man nur auf sechs bis acht Blätter heranwachsen und schneidet dann auf ein bis drei Blätter zurück. Bis Mitte Mai wird der Neuaustrieb immer wieder auf zwei bis drei Blätter eingekürzt.
In der darauf folgenden Blütezeit wird nicht geschnitten, da die Pflanze ihr Längenwachstum jetzt weitgehend eingestellt hat und ihre ganze Kraft in die Blüten steckt. Nach der Blüte muss bis ins alte Holz zurückgeschnitten werden, um so wieder Raum für neues Wachstum zu schaffen.

DRAHTEN: Im noch weichen Zustand lassen sich wenig verholzte Triebe recht leicht durch Draht formen, vollständig verholzte Triebe dagegen fast gar nicht mehr.

EXPERTEN-TIPP

Eigentlich handelt es sich bei der in der Bonsai-Kunst verwendeten *Bougainvillea glabra* um eine brasilianische Kletterpflanze. Da sie aber einen starken Stamm ausbildet, ist sie recht leicht in Baumform zu gestalten, wobei sie als großer Bonsai besonders gut wirkt. Man muss der Pflanze durch geeigneten und vor allem frühzeitigen Schnitt nur die Ausbildung der Klettertriebe abgewöhnen.

Obwohl die Bougainvillee von Natur aus eine Kletterpflanze ist, kann man einen kräftigen Stamm erzielen. Die violetten Hochblätter umschließen die unscheinbaren Blüten.

Buchsbaum *Buxus microphylla* var. *sinica* (früher: *B. harlandii*)

Jedem ist der bei uns heimische Buchsbaum (*Buxus sernpervirens*) als Heckenpflanze oder Skulpturstrauch der französischen Gärten bestens bekannt. Dieser Buchsbaum ist nicht zimmerhart, kann aber als Freilandbonsai gestaltet werden.

Die Gattung *Buxus* wird allgemein als Strauch behandelt, kann aber auch zu einem kleinen Baum mit starkem, in sich verdrehtem Stamm und Zweigen heranwachsen. Das beigegelbe Holz ist recht hart und wurde daher früher für feine Druckstöcke verwendet. Die kleinen, grünlich-gelben, für Bienen attraktiven Blüten erscheinen im Frühjahr in großer Zahl in den Blattachseln.

Die einzige auch im Zimmer überlebensfähige Buchsbaum-Art ist der aus den Subtropen stammende *B. microphylla* var. *sinica*. In Japan wird dieser kleinblättrige Buchsbaum schon seit langem gezogen. Erst vor einigen Jahren wurden auch Wildvorkommen in Japan, Korea und China entdeckt und als Varietäten benannt. Hier entwickelt er sich zu einem großen buschigen Strauch oder auch zu einem kleinen Baum. Seine Borke ist hell und tiefrissig. Auch seine kleinen, stiellosen, länglich-eiförmigen, ledrigen, dunkelgrün glänzenden Blätter machen ihn zu einem geeigneten Bonsai-Kandidaten. Der kleinblättrige Buchsbaum ist in nicht allzu kalten Gegenden sogar winterhart, wobei sich die Blätter charakteristisch blass braungelb verfärben.

Helle, tiefrissige Borke des tropischen Buchsbaums

STANDORT: Im Sommer wird ein vollsonniger bis halbschattiger Standort im Freien bevorzugt. Im Winter ist ein kühler Raum oder ein Gewächshaus bei Temperaturen zwischen 3 und 10 °C notwendig.

GIESSEN: Im Sommer lässt man den Boden leicht antrocknen und wässert dann ausgiebig. Staunässe sollte vermieden werden. Im Winter ist der Wasserbedarf bei kühler Überwinterung gering. Den Boden aber ständig feucht halten!

DÜNGEN: Vom Frühjahr bis Ende September wird alle zwei bis drei Wochen ein Flüssigdünger gegeben. Im Winter darf nicht gedüngt werden.

UMTOPFEN: Alle zwei Jahre vor dem Neuaustrieb oder im Oktober in eine Mischung aus Akadama, Rindentorf und Sand im Verhältnis 2:1:2 mit einem Wurzelschnitt umtopfen.

SCHNEIDEN: Neue Triebe lässt man auf sechs bis acht Blätter wachsen und schneidet dann auf zwei bis drei Blätter zurück. Dickere Äste können das ganze Jahr über entfernt werden. Alle zwei bis drei Jahre sollten die Astetagen überarbeitet und ausgedünnt werden.

DRAHTEN: Mit Draht wird die Grundform des Stammes und der Äste gestaltet. Das Ausformen der Astetagen erfolgt dann durch den Schnitt. Sehr vorsichtig sollten Stamm und Äste gedrahtet werden, wenn sich schon die tiefrissige Borke gebildet hat, da diese leicht beschädigt wird. Es dauert häufig Jahre, ehe eine verletzte Rindenpartie ausgeheilt ist.

Man muss die jungen Triebe durch regelmäßigen Rückschnitt kurz halten, um so gute Astetagen herausarbeiten zu können. Schön ist bei diesem Buchsbaum auch der Stammansatz gestaltet.

Südlicher Zürgelbaum *Celtis australis*

Die Gattung *Celtis* umfasst etwa 70 Arten aus Nordamerika, Südeuropa, dem Nahen und Fernen Osten. Die meisten Arten sind winterhart und Laub abwerfend. Die tropischen und subtropischen Arten hingegen sind immergrün und zumindest in der Jugend frostempfindlich.

Der Südliche Zürgelbaum wird bis zu 15 m hoch und kann dabei einen Umfang von 3 m erreichen. Einzelne Exemplare sollen mehr als 1000 Jahre alt sein. Die Rinde ist grau wie bei einer Buche (*Fagus*) und glatt oder leicht rau. Die Blätter sind eiförmig-lanzettlich, an den Blatträndern gesägt (also mit vielen kleinen Zähnchen) und an der Basis keilförmig. Auf der Blattoberfläche finden wir zunächst kurze, steife Haare, die später abfallen. Die Blätter sind oberseits dunkelgrün, unterseits heller grün und flaumig. Junge Triebe sind ebenfalls behaart.

Die grünen, eingeschlechtlichen Blüten sind klein und unscheinbar, sie zeigen sich mit dem Laubaufbruch. Werden die weiblichen Blüten befruchtet, bilden sich im Herbst purpurfarbene Steinfrüchte. Wie bei allen Steinfrüchten ist der eigentliche, hartschalige Samen von in diesem Fall essbarem Fruchtfleisch umgeben.

STANDORT: Im Sommer ist ein heller, vollsonniger Standort im Freien am besten. Überwintert wird der Zürgelbaum bei Temperaturen um 10 °C in einem kühlen Raum oder in einem Gewächshaus. Vor allem in der Jugend ist der Südliche Zürgelbaum sehr frostempfindlich, so dass er beizeiten in sein Überwinterungsquartier gebracht werden sollte.

GIESSEN: Im Sommer wird der Boden gut feucht gehalten. Während des Winters kann etwas weniger gegossen werden, der Ballen darf aber auf keinen Fall austrocknen. Der Gesamtwasserbedarf ist stark vom Standort abhängig. Bei kühlerer Haltung ist der Wasserbedarf deutlich niedriger als bei einem warmen Standort.

DÜNGEN: Bei Neuaustrieb wird mit dem Düngen begonnen. Bis zum Spätherbst sollte man alle zwei Wochen Flüssigdünger oder Kugeldünger geben. Im Winter wird nicht gedüngt.

UMTOPFEN: Alle zwei bis drei Jahre im zeitigen Frühjahr in eine Mischung aus Akadama, Rindentorf und Sand im Verhältnis 2:1:1 mit einem normalen Wurzelschnitt umtopfen. Man kann dabei fast die Hälfte der dickeren Wurzeln beschneiden. Die feineren Wurzeln sollte man stärker schonen, da diese der Aufnahme von Wasser und Nährsalzen dienen, die dickeren Wurzeln dagegen nur dem Weitertransport.

SCHNEIDEN: Neue Triebe lassen wir auf sechs bis acht Blätter wachsen und schneiden dann auf zwei bis drei Blätter zurück. Dickere Äste und Zweige sollten bei Bedarf im zeitigen Frühjahr entfernt werden. In der anschließenden Wachstumsperiode werden viele Baustoffe von der Pflanze gebildet, wodurch die Wunden schnell verheilen. Dünnere Triebe können das ganze Jahr über geschnitten werden.

DRAHTEN: Dickere Triebe sind sehr hart, wenn auch relativ elastisch. Bei entsprechend vorsichtigem Biegen der eingedrahteten Triebe kann man somit auch dickere Triebe in der Form beeinflussen. Bei dickeren Trieben können die Äste nach dem Entfernen des Drahtes leicht wieder in ihre alte Position zurückkehren. Hier kann es ratsam sein, mit Spanndrähten zu arbeiten, da diese nicht so leicht einwachsen. Sinnvoll ist es, die Spanndrähte zu unterpolstern. Nach Möglichkeit sollten Drahtungen nur an dünneren, bereits verholzten Trieben stattfinden. Wegen der glatten Rinde sollte man aufmerksam darauf achten, dass der Draht nicht einzudrücken beginnt. Durch den Draht hervorgerufene Narben bleiben über einen sehr langen Zeitraum sichtbar und können so das Gesamtbild des Bonsai nachhaltig stören.

Die beiden Stämme des Südlichen Zürgelbaums bilden eine gemeinsame Krone. Der Ansatz beider Stämme bildet einen spitzen Winkel, wie es für die Gestaltung eines guten Doppelstammes gefordert wird.

Monterey-Zypresse *Cupressus macrocarpa*

Zypressen sind mit etwa 20 Arten im südlichen Nordamerika, den Mittelmeerländern, Westasien, dem westlichen Himalaja und China verbreitet. Die Monterey-Zypresse gehört zu den wenigen Arten, die für eine Kultur im Zimmer geeignet sind. In der Natur wird sie zu einem 35 m hohen Baum mit zunächst kegelförmiger, später breiter Krone. Sie kommt nur in einem schmalen Streifen an der kalifornischen Küste als Wildpflanze vor. Die Borke älterer Bäume ist dunkelbraun und löst sich in dünnen Streifen ab.

Als allein stehender Baum wächst der Stamm ganz gerade und verzweigt sich bereits weit unten mit dicken Ästen. So bildet sich eine breite und dichte Krone mit gezacktem Umriss. Die Nadelblätter liegen eng am Zweig an, sind 1 bis 2,5 mm lang und dicht gestellt. Bei der Monterey-Zypresse sind sie grasgrün, robust und riechen beim Zerreiben säuerlich.

Es gibt eine ganze Reihe von Zuchtformen mit andersfarbigen Nadeln. So ist die Goldzypresse (*C. macrocarpa* 'Gold Crest') eher gelblich-grün. Sie wächst sehr langsam und bildet erst im Alter einen nennenswerten Stamm aus. Die eher kräftig wachsende Sorte 'Aurea' bildet lange, goldene, fast waagerechte Zweige aus und ist daher für die Bonsai-Kultur sehr gut geeignet, bildet sie doch recht schnell einen vorzeigbaren Stamm aus.

STANDORT: Die Zypresse kann zwar das ganze Jahr über im Zimmer stehen, ist aber im Sommer für einen hellen, vor direkter Sonneneinstrahlung geschützten Standort im Freien dankbar. Im Winter benötigt sie Temperaturen zwischen 5 und 15 °C in einem kühlen Zimmer oder einem kühlen Wintergarten.

GIESSEN: Das ganze Jahr über mäßig feucht halten. Auf einen ständig sehr feuchten Boden reagiert die Zypresse äußerst empfindlich. Im Winter noch weniger gießen, aber die Erde nicht austrocknen lassen. Auch Ballentrockenheit wird sehr schlecht vertragen und mit Triebsterben beantwortet.

DÜNGEN: Vom Frühjahr bis zum Herbst wird alle zwei Wochen ein Flüssigdünger verabreicht. Im Winter wird nicht gedüngt.

UMTOPFEN: Alle zwei bis drei Jahre im zeitigen Frühjahr in eine Mischung aus Akadama, Rindentorf und Sand im Verhältnis 1:1:2 mit einem Wurzelschnitt umtopfen.

SCHNEIDEN: Junge Bäume lässt man zur Stammverdickung für einige Jahre in einer größeren Schale wachsen und schneidet jedes Jahr wieder nur in eine säulenförmige Grundform zurück. In dieser Erziehungsphase kann man schon mit der Grundgestaltung beginnen und dabei Astetagen herausarbeiten. Wichtig ist, dass man schon recht früh damit beginnt, die sich immer wieder direkt am Stamm bildenden Kurztriebe möglichst schnell zu entfernen. In der darauf folgenden Gestaltungsphase arbeitet man eine feine Verzweigung heraus. Jetzt werden die neuen Triebe, nachdem sie sich gestreckt haben, mit einer Schere auf ein Drittel ihrer Länge zurückgeschnitten. Dickere, die Form störende Äste können das ganze Jahr über geschnitten werden.

DRAHTEN: Sinnvollerweise gestaltet man die Zypresse in streng aufrechter Form oder in der Waldform. Hierbei muss der Stamm eigentlich nicht gedrahtet werden. Lediglich die aufrecht wachsenden Äste bringt man mit Hilfe des Drahtes stärker in die Horizontale. Für eine Drahtung ist das zeitige Frühjahr die richtige Zeit. Der Draht muss häufig erst nach einem Jahr wieder entfernt werden. Beim Eindrahten sollte man darauf achten, dass keine Nadeln mit eingedrahtet werden, da diese dann absterben und unschöne braune Bereiche bilden.

Das helle Grasgrün der Nadelblätter bildet einen interessanten Kontrast zu der Farbe der Rinde, die sich wiederum in der Glasurfarbe der sechseckigen Schale wiederfindet.

Immergrüne Esche *Fraxinus uhdei*

Der deutsche Name „Esche“ kommt von dem nordischen Wort „Aska“ und bedeutet Mensch. Nach der nordischen Schöpfungsgeschichte soll der Mensch aus dem Holz der bei uns heimischen Gemeinen Esche (*Fraxinus excelsior*) geformt worden sein. Die mit der Olive verwandte Gattung ist mit 65 Arten auf der nördlichen Halbkugel reich vertreten. Die meisten Vertreter der Gattung sind sommergrüne, schnell wachsende Bäume. Ihre hervorstechendsten Merkmale sind die aus einer ungeraden Zahl von Teilblättchen zusammengesetzten Fiederblätter und die aus unscheinbaren Blüten hervorgehenden geflügelten, einsamigen Früchte. Die Immergrüne Esche ist ein aus Mexiko und Zentralamerika stammender Baum von 15 bis 20 m Höhe mit aschgrauer Rinde. Das Holz ist sehr hart, gleichzeitig aber sehr elastisch. Wegen ihrer subtropischen Herkunft kann sie als Zimmerbonsai mit kühler Überwinterung gehalten werden.
Die Blätter sind unpaarig gefiedert, dunkelgrün und gegenständig. Jedes einzelne Blatt setzt sich aus meist sieben Einzelblättchen zusammen und wird etwa 20 cm lang. Die Teilblätter sind am Rand leicht gezähnt. Es stehen sich immer zwei Blätter genau gegenüber wie bei einem Ahorn. Dieses Wuchsmuster nennen die Botaniker „gegenständig“.
Die doldenartigen, dichten Blütenstände tragen später die geflügelten Früchte, von denen man aber nur wenige ausreifen lassen sollte. Zu viele Früchte würden den Bonsai nur unnötig schwächen.
Wegen ihres kräftigen Wuchses und der großen Fiederblätter ist die Immergrüne Esche nur zur Gestaltung größerer Bonsai geeignet.

Standort: Im Sommer ist ein vollsonniger Standort im Freien besonders gut geeignet. Die Immergrüne Esche kann aber auch an einem hellen Fenster im Zimmer stehen. Im Winter sollte ein kühles Zimmer oder ein kühles Gewächshaus bei etwa 15 °C zur Verfügung stehen.

Giessen: Blattgröße und kompakter Wuchs lassen sich durch das richtige Gießen beeinflussen. Dazu lässt man die Erde vor dem Gießen leicht antrocknen. Auch im Winter sollte man sie nur mäßig feucht halten, aber nicht austrocknen lassen. Ebenso schlecht wird Staunässe vertragen.
Sowohl auf Ballentrockenheit als auch auf Staunässe reagiert sie mit vorzeitigem Laubabwurf.

Düngen: Vom Frühjahr bis zum Herbst wird alle zwei Wochen mit einem Flüssigdünger gedüngt. Im Winter sollte alle sechs Wochen gedüngt werden. Der Dünger sollte stickstoffreduziert sein, damit die Blätter nicht zu groß werden.

Umtopfen: Alle zwei bis drei Jahre im zeitigen Frühjahr in eine Mischung aus Akadama, Rindentorf und Sand im Verhältnis 2:1:1 mit einem kräftigen Wurzelschnitt umtopfen. Es kann fast die Hälfte der dickeren Wurzeln im Ballen entfernt werden.

Schneiden: Mit dem Rückschnitt der neuen Triebe warten wir, bis sie leicht verholzt sind. Das erkennt man daran, dass die Rinde der Triebe sich von grünlich nach grau hin verfärbt. Nun werden die Triebe auf ein bis zwei Blattpaare zurückgeschnitten. Sehr große Blätter sollte man regelmäßig entfernen. Hierzu schneidet man den Blattstiel kurz hinter seinem Zweigansatz durch. Aus seiner Achselknospe wächst ein neuer Trieb. Dickere Äste und quer wachsende Zweige können das ganze Jahr über entfernt werden. Sollten die Blätter sehr groß werden, kann man auch einen Teilblattschnitt durchführen. Hierbei werden von jedem Fiederblatt die vordersten Teilblättchen abgeschnitten.

Drahten: Gedrahtet werden die verholzten Triebe vom Spätherbst an. Zur gleichen Zeit können auch dickere Triebe gedrahtet werden.

Aus einem guten Stammansatz entwickelt sich ein kräftiger Stamm mit anmutigen Biegungen. Wegen der großen Fiederblätter kann die Immergrüne Esche nur als großer Bonsai gestaltet werden.

Malpighie *Malpighia coccigera*

Die Gattung *Malpighia* besteht aus 45 Arten immergrüner Bäume und Sträucher und kommt nur in den heißen Klimabereichen der Karibik und des südamerikanischen Kontinents vor. Alle Arten tragen rosa oder rote Blüten mit fünf Blütenblättern und bringen essbare, orangefarbene, rote oder violette Früchte hervor.

Für die Bonsai-Kultur besonders gut geeignet ist die aus der Karibik stammende *Malpighia coccigera*. Ihre eiförmigen, stark gezähnten, glatten, kleinen Blätter erinnern an die Blätter der Stechpalme. Die dicke Wachsschicht auf der Blattoberseite lässt die Blätter lederartig erscheinen. Insgesamt wächst die Pflanze sehr langsam und erreicht schließlich eine Höhe von etwa 80 cm. Die braun-graue Rinde hebt sich dezent von den glänzenden Blättern ab. Im Sommer erscheinen die hübschen blassrosa Blüten mit fünf gefransten Blütenblättern und goldfarbenen, gestielten Staubblättern. Nach der Befruchtung bilden sich rote Beeren. Für die Bonsai-Kultur lohnend ist auch *Malpighia glabra* aus den tropischen Bereichen Südamerikas. Der Strauch wächst schneller als *M. coccigera* und erreicht eine Höhe zwischen 1,5 und 3 m. Die glänzend grünen Blätter sind ganzrandig. Im Sommer trägt die Pflanze kleine, in Büscheln sitzende, blassrosa Blüten. Die kirschroten Früchte sind zwar sauer, enthalten aber viele Vitamin C. Aus ihnen lassen sich sehr schmackhafte Gelees herstellen.

STANDORT: Im Sommer sollte ein vollsonniger Standort im Freien gewählt werden. Bei einem ganzjährigen Standort im Zimmer muss für mindestens 60 % relative Luftfeuchtigkeit gesorgt werden. Besser ist es, die Pflanze in einem warmen Gewächshaus zu halten, das gilt vor allem für den Winter. In dieser Zeit kann die trockene Heizungsluft zu einem echten Problem werden. Zur Not kann die Pflanze auch über einer Schale mit Wasser gepflegt werden, ohne dabei direkt im Wasser zu stehen.

GIESSEN: Der Wasserbedarf ist wie bei allen tropischen Pflanzen das ganze Jahr über sehr hoch. Die Erde darf weder trocken werden noch darf sich Staunässe bilden. Vor allem in der Blütezeit muss deshalb unter Umständen mehrfach am Tag mit kalkarmem Wasser gegossen werden.

DÜNGEN: Vom Frühjahr bis zum Herbst wird alle zwei Wochen ein Flüssigdünger verabreicht. Im Winter sollte alle vier Wochen gedüngt werden. Wichtig ist, dass der Dünger einen hohen Anteil an Kalium und Phosphor enthält, um die Blütenbildung sicher zu stellen.

UMTOPFEN: Alle zwei bis drei Jahre im zeitigen Frühjahr in eine Mischung aus Akadama, Rindentorf und Sand im Verhältnis 2:1:1 mit einem mäßigen Wurzelschnitt umtopfen.

SCHNEIDEN: Die Malpighie ist gut schnittverträglich. In ihrer Heimat wird sie daher häufig als niedrige Hecke gepflegt. Mit dem Rückschnitt der neuen Triebe wird gewartet, bis die Blüten ausgeblüht sind. Man macht also einen ersten Schnitt im zeitigen Frühjahr vor dem Austrieb. Den zweiten Rückschnitt führt man im Herbst durch. In der Zwischenzeit können die Triebe lang ausgewachsen sein und ragen dann unter Umständen weit aus der Form heraus. Nun werden die Triebe auf ein bis zwei Blattpaare zurückgeschnitten. Hierbei muss nun auch die Form gründlich überarbeitet werden.

DRAHTEN: Gedrahtet werden die verholzten Triebe vom Spätherbst an. Beim Verholzen verwandelt sich die Farbe der Rinde von einem grünlichen in einen bräunlichen Ton. Wegen der empfindlichen Rinde der *Malpighia coccigera* sollte das Drahten sehr vorsichtig erfolgen. Der Draht kann dann bis zu einem Jahr an der Pflanze belassen werden.

Nimmt man Rücksicht auf die Blüten, gerät die Malpighia *leicht aus der Form. Nach dem Frühjahrsschnitt treibt sie gerade mit lindgrünen Blättern neu aus. Dieser Baum ist als Miniaturbonsai gestaltet.*

Myrte *Myrtus communis*

Traditionell wurden Brautkränze aus blühenden Myrtenzweigen geformt. Die weißen Blüten galten als Symbol für die Jungfräulichkeit und Zartheit der jungen Braut. In den kühleren Wohnräumen früherer Zeiten fehlte die Myrte eigentlich in keinem Haushalt. Durch die Einführung von Zentralheizungen mit ihren gleich bleibend hohen Temperaturen und vor allem der geringen Luftfeuchtigkeit kam sie aus der Mode. Der kleine Strauch kommt im gesamten Mittelmeergebiet wild vor. Auf kalkarmen, kargen Böden wird die Myrte dort bis zu 5 m hoch. Sie hat kleine, lanzettliche, dunkelgrüne, ganzrandige Blätter. Werden die Blätter verletzt, verströmen sie einen intensiven, charakteristischen Geruch. In den Blattachseln erscheinen vom Sommer bis zum Herbst kleine weiße, sternförmige Blüten mit pinselartig angeordneten Staubgefäßen. Nach der Befruchtung entwickeln sich blauschwarze, etwa erbsengroße Früchte. Die Rinde ist hellbraun und löst sich in feinen Streifen ab.
In Gartencentern findet man einige für den Bonsai-Freund interessante Sorten. So gibt es die zwergwüchsige Sorten 'Compacta' und 'Microphylla' mit kleinen Blüten. Die Sorte 'Flore Pleno' hat gefüllte Blüten, während die Sorte 'Variegata' weiß umrandete Blätter hat und 'Tarentina' mit cremeweißen Blüten sowie nadelförmigen Blättern ausgestattet ist.

STANDORT: Im Sommer ist ein sonniger bis halbschattiger Standort im Freien zu empfehlen. Sie kann aber auch gut an einem hellen Fenster im Zimmer gepflegt werden. Die Überwinterungstemperaturen sollten zwischen 5 und 10 °C liegen. Ein kühler Wintergarten, ein Gewächshaus oder ein ungeheiztes Zimmer sind zu empfehlen.

GIESSEN: Die Erde sollte mit kalkarmem Wasser gleichmäßig feucht gehalten werden. Weder Staunässe noch Ballentrockenheit werden vertragen. Wichtig ist, dass der Boden zwar das Wasser gut speichern, überschüssiges Wasser aber auch gut abführen kann.

DÜNGEN: Vom Frühjahr bis zum Herbst sollte man alle zwei Wochen mit einem Flüssigdünger, während der Hauptblütezeit mit einem stickstoffarmen Dünger arbeiten. Enthält der Dünger zu viel Stickstoff, werden die Blüten vorzeitig abgeworfen. Im Winter darf nicht gedüngt werden.

UMTOPFEN: Alle zwei bis fünf Jahre im zeitigen Frühjahr in eine Mischung aus Akadama, Rindentorf und scharfem Sand im Verhältnis 1:1:2 mit einem leichten Wurzelschnitt umtopfen. Wichtig ist, dass die Erde kalkarm ist, da die Myrte einen leicht sauren Boden benötigt. Daher kann man auch die im Bonsai-Handel erhältliche Kanuma-Erde, die sonst für Azaleen verwendet wird, einsetzen.

SCHNEIDEN: Vor dem Austrieb im Frühjahr wird die Form überarbeitet. Der Neuaustrieb wird immer wieder auf zwei bis drei Blätter zurückgeschnitten, sobald der Zweig am Ansatz zu verholzen beginnt. Mit Rücksicht auf die Blüten wird ab Ende April nicht mehr geschnitten. Erst nach der Blüte sollte wieder mit dem Schnitt begonnen werden. Will man die dunkelvioletten Früchte haben, lässt man einige kürzere Triebe mit Fruchtansätzen unbeschnitten.

DRAHTEN: Nach der Blüte können verholzte Triebe gedrahtet werden. Bei dickeren Trieben muss man beim Biegen sehr vorsichtig sein, da sie leicht vor allem an den Verzweigungen brechen. Nach etwa einem halben Jahr kann der Draht meist schon wieder entfernt werden.

EXPERTEN-TIPP

Die Myrte ist wegen ihrer Wuchsfreude für den Bonsai-Gestaltungsanfänger gut geeignet. Schnell hat sie Schnittfehler durch neues Wachstum wieder ausgeglichen.

Vom Frühjahr bis zum Herbst erscheinen kleine, weiße Blüten mit büscheligen Staubgefäßen. Während der Blütezeit werden nur überlange Triebe beschnitten. Der eigentliche Rückschnitt erfolgt im Herbst.

Olive *Olea europaea*

Schon sehr lange haben die Olivenbäume im gesamten Mittelmeerraum eine große Bedeutung für die dortige Wirtschaft als Lieferanten von Öl, Früchten und Holz. Die häufigste Art ist der Europäische Olivenbaum. Mit ihrer knorrigen Wuchsform und der groben, grauen Rinde bietet die Pflanze einen sehr schönen Anblick. Sie hat gegenständige, lanzettliche Blätter, die an der Oberseite graugrün und auf der Unterseite silberfarben sind.

In den Blattachseln entwickeln sich Rispen oder Büschel aus weißen Blüten. Diese haben vier Blütenblätter und zwei Staubgefäße. Die Pflanzen stehen frühestens mit zehn Jahren zum ersten Mal in voller Blüte. Zum Ausgleich ist die Olive aber sehr langlebig. Es gibt Exemplare, deren Alter auf mehrere tausend Jahre geschätzt wird. Aus der befruchteten Blüte wächst eine Steinfrucht heran, die bei der Reife dunkelblau bis schwarz ist – die Olive. Grüne Oliven sind im noch unreifen Zustand geerntete Früchte. Die Früchte können wegen ihres bitteren Geschmacks frisch nicht gegessen werden. Sie müssen vor dem Verzehr mit Natronlauge behandelt werden.

Für den Bonsai-Freund ebenfalls von Interesse ist die Unterart *O.e.* subsp. *africana* mit ihren erbsengroßen, schwarzen Früchten und den glänzend, dunkelgrünen, unterseits braunen Blättern. Der hübsche kleine Baum mit dickem, knorrigem Stamm und grauer Rinde wäre ein Schmuckstück jeder Bonsai-Sammlung.

STANDORT: Ab Mitte Mai sollte der Oliven-Bonsai einen vollsonnigen Standort im Freien erhalten; er kann aber auch an einem vollsonnigen Standort im Zimmer stehen. Im Winter müssen die Temperaturen zwischen 5 und 10 °C liegen. Bei wärmerer Überwinterung leidet der Baum unter Stress und es können keine Blütenknospen gebildet werden.

GIESSEN: Die Erde kann vor dem kräftigen Gießen immer erst leicht antrocknen. Grundsätzlich sollte der Ballen aber nie ganz trocken werden. Auch Staunässe wird nicht vertragen.

DÜNGEN: Günstig ist die Gabe von organischem Dünger, zum Beispiel in Form von japanischen Düngekugeln. Der organische Dünger wird zunächst von Mikroorganismen im Boden aufbereitet und wirkt langsamer auf die Pflanze. Alternativ kann auch alle zwei Wochen Flüssigdünger gegeben werden. Im Winter darf nicht gedüngt werden, da die Pflanze ihren Stoffwechsel reduziert hat.

UMTOPFEN: Alle zwei bis drei Jahre im zeitigen Frühjahr mit einem Wurzelschnitt in eine Mischung aus Akadama, Rindentorf und Kies im Verhältnis 2:1:1 umtopfen. Der Wurzelschnitt sollte sich auf etwa ein Drittel der Gesamtwurzelmasse beschränken.

SCHNEIDEN: Die Olive verträgt keinen allzu starken Rückschnitt, da sie nur sehr schlecht aus schlafenden Augen austreibt. Eine Verkahlung wäre die Folge. Neue Triebe lässt man auf etwa acht Blattpaare heranwachsen und schneidet dann auf ein bis zwei Blattpaare zurück. Da sich Blüten bei kühler Überwinterung an diesjährigen Trieben bilden, sollte man ab Anfang August nicht mehr schneiden. Im nächsten Frühjahr erscheinen dann die Blüten. Will man auch Früchte haben, müssen diese Triebe unbeschnitten bleiben. Nach dem Fruchtfall kann dann wieder stärker zurückgeschnitten werden. Ansonsten wird direkt nach der Blüte die Form wieder überarbeitet.

DRAHTEN: Nur recht dünne, leicht verholzte bis vollständig verholzte Äste lassen sich durch Draht in der Form korrigieren. Solche Triebe zunächst unbeschnitten lassen, damit genügend Baumaterial zur Stabilisierung der Formkorrektur geliefert werden kann.

Der imposante und knorrige Stamm dieser Olive deutet auf ein hohes Alter hin. An der großen Narbe kann man erkennen, dass der Bonsai durch starken Rückschnitt entstanden ist.

Pistazie *Pistacia lentiscus*

Aus dem Mittelmeerraum und Südostasien kommt die Pistazie. Sie ist zweihäusig, das heißt, es gibt männliche und weibliche Pflanzen. Die männlichen Pflanzen sind für die Bonsai-Gestaltung die interessanteren, da die in Trauben erscheinenden männlichen Blüten durch ihre roten Staubbeutel auffallender sind als die weiblichen, unscheinbar braungrünen Blüten.

Die Blätter der Pistazie sind ledrig, immergrün und paarig gefiedert. Jedes Blatt besteht hier aus acht bis zehn, schmal länglichen, kurz zugespitzten Teilblättchen.

Die Gestalt erinnert eher an einen großen Strauch, kann aber sehr überzeugend als Baum gestaltet werden. Die Pistazie ist dicht verzweigt. Die Zweige können beim Schnitt einen unangenehmen Geruch absondern, weshalb man einen Schnitt besser außerhalb der Wohnräume durchführt.

Aus den pfefferkorngroßen Früchten der *Pistacia lentiscus*, die zunächst rot sind und sich bei Reife schließlich schwarz verfärben, wird ein Firnisharz gewonnen.

STANDORT: Im Sommer liebt die Pistazie einen Standort im Freien. Ist der Platz vollsonnig, ist die Austriebsfärbung besonders schön. Sie verträgt aber auch einen halbschattigen Standort. Im Winter sollten die Temperaturen unter 10 °C liegen – eine Kalthausüberwinterung ist erforderlich. Auf keinen Fall darf die Pistazie in einem geheizten Raum überwintert werden.

GIESSEN: Die Erde sollte man vor dem Gießen immer erst leicht antrocknen lassen. Grundsätzlich sollte der Ballen aber nie ganz trocken werden. Auch Staunässe wird nicht vertragen. Man muss also auf einen gut wasserdurchlässigen Boden achten.

EXPERTEN-TIPP

Die essbaren Pistazien-Nüsse, die aber vor dem Verzehr erst geröstet werden müssen, erntet man von der aus Kleinasien stammenden *Pistacia vera*.

DÜNGEN: Vom Neuaustrieb bis zum Herbst wird alle zwei bis vier Wochen ein Flüssigdünger verabreicht. Alternativ arbeitet man mit dem schonender wirkenden organischen Dünger in Form von Düngekugeln. Zur besseren Blütenbildung sollte man im Spätherbst eine Kali-Phosphor-Düngung durchführen. Im Winter darf nicht gedüngt werden.

UMTOPFEN: Mit einem Wurzelschnitt wird alle zwei bis drei Jahre im Frühjahr in eine Mischung aus Akadama, Rindentorf und Kies im Verhältnis 2:1:1 umgetopft. Als unterste Bodenschicht sollte ein grobes, wasserdurchlässiges Substrat verwendet werden.

SCHNEIDEN: Neue Triebe lässt man auf sechs bis acht Blätter heranwachsen und schneidet dann auf zwei bis drei Blattansätze zurück. Alle quer oder senkrecht wachsenden Zweige werden sofort entfernt. Sonst kann es geschehen, dass der Bonsai einen sparrigen, unnatürlichen Charakter erhält. Dickere Äste sollten, wenn nötig, im zeitigen Frühjahr, vor dem Neuaustrieb entfernt werden.

Meist braucht die Wunde nicht unbedingt mit Wundknetmasse abgedeckt zu werden, da die vom Baum gebildeten Harze einen guten Wundverschluss darstellen.

DRAHTEN: Um das Drahten eines Pistazien-Bonsai kommt man meist nicht umhin, da die Triebe häufig sehr gerade wachsen. Will man eine sparrige Form verhindern, werden die leicht verholzten Triebe in eine anmutigere Form gedrahtet. Auch dickere Triebe lassen sich mit entsprechender Vorsicht mit Hilfe von Draht in ihrer Form korrigieren. Der Draht sollte wieder entfernt werden, sobald er in die Rinde einzudrücken beginnt.

Diese Pistazie wurde in gelehnter Form gestaltet. Typisch für die Astanordnung bei dieser Stilform sind die kräftigen Äste auf der Stammoberseite, die gegen den Stammverlauf gerichtet sind.

Steineibe *Podocarpus macrophyllus*

Von den etwa 100 anerkannten Steineiben-Arten kommen die meisten auf der Südhalbkugel vor. Die bei Bonsai-Freunden beliebte Art *Podocarpus macrophyllus* hingegen hat ihre Heimat in den wärmeren Regionen Japans und Chinas, wo man sie häufig in Tempelgärten findet. Dort kann ihr Wachstum sehr unterschiedlich ausfallen: vom kleinen Strauch bis hin zum mächtigen, 20 m hohen Nadelbaum. Sie kann aber auch zu einer dicht wachsenden Hecke zurechtgestutzt werden.

Die Nadelblätter sind lanzettförmig bis oval, dicht wachsend, dunkelgrün, nicht stechend und unregelmäßig spiralig angeordnet. Sie erinnern entfernt an die der Echten Eiben. Die anfangs rötlich-braune Rinde wird später gräulich-braun und schält sich in schmalen Streifen ab.

Auch die Steineibe gehört zu den zweihäusigen Pflanzen. Die männlichen Zapfen erscheinen in Büscheln auf männlichen Bäumen, die weiblichen Zapfen stehen einzeln an den weiblichen Gegenstücken. Man braucht, um Früchte zu erhalten, daher einen männlichen und einen weiblichen Baum. Die blauvioletten Samen sind elliptisch-eiförmig, etwa 1 cm lang und bilden mit dem beerenartigen, fleischigen Fruchtfleisch schön aussehende Früchte.

STANDORT: Der Sommerstandort im Freien kann vollsonnig bis halbschattig sein. Die Steineibe kann aber auch an einem hellen Fenster gepflegt werden. Im Winter ist ein heller Platz bei Temperaturen zwischen 5 und 15 °C zu wählen. Geheizte Zimmer sind für die Überwinterung völlig ungeeignet, da die Pflanze sonst ihre Winterruhe nicht einhalten kann und somit geschädigt wird.

GIESSEN: Die Wasserverdunstung über die Blätter ist recht mäßig. Die Erde sollte daher leicht feucht gehalten werden, aber auf keinen Fall austrocknen. Noch geringer ist der Wasserbedarf im Winter.

DÜNGEN: Vom Neuaustrieb bis zum Herbst wird alle zwei bis vier Wochen flüssig gedüngt. Damit die Blätter nicht so groß werden, sollte ein stickstoffreduzierter Dünger verwendet werden. Hier kann auch gut japanischer Kugeldünger eingesetzt werden. Bei Wintertemperaturen im oberen Bereich darf alle vier bis sechs Wochen gedüngt werden. Bei kühler Überwinterung nicht düngen!

UMTOPFEN: Im Frühjahr wird alle zwei bis drei Jahre mit einem Wurzelschnitt in eine Mischung aus Akadama, Rindentorf und Kies im Verhältnis 1:1:1 umgetopft. Wichtig ist eine gute Dränageschicht aus gröberer Akadama-Erde, damit überschüssiges Gießwasser gut abfließen kann.

SCHNEIDEN: Dickere Äste können das ganze Jahr über geschnitten werden. Zum Aufbau der Astpolster lässt man neue Triebe auf 6 bis 8 cm wachsen und schneidet dann auf 2 bis 3 cm zurück. Beim Schnitt sollte man darauf achten, dass keine Blätter mit angeschnitten werden. Horizontal gedrahtete Zweige schneidet man kaum zurück, da ihr Wachstum durch die Stellung verlangsamt ist. In den Blattachseln solcher Triebe bilden sich bald Knospen, aus denen kürzere Nebentriebe wachsen. Im Folgejahr werden aus den kürzeren Nebentrieben neue Polster aufgebaut, indem man schon nach wenigen Zentimetern Wachstum die Triebe immer wieder zurückschneidet.

DRAHTEN: Zum Drahten sollten die neuen Triebe am Ansatz bereits verholzt sein. Man sollte darauf achten, dass keine Nadeln mit eingedrahtet werden, da diese sonst absterben. Auch sollte mit Rücksicht auf die dünne Rinde der Draht nicht zu fest angelegt werden. Nach etwa einem halben Jahr beginnen wir mit der Kontrolle der Drahtung. Schon jetzt könnte der Draht einzudrücken beginnen und müsste dann entfernt werden.

Die fest zickzackförmigen Stammbiegungen der Steineibe sind typisch für eine Gestaltung in China. Die Äste des Baumes entspringen immer an der Außenseite einer Biegung.

Granatapfel *Punica granatum*

Dieser kleine, bis 5 m hohe Baum kommt vom Balkan bis zum Himalaja vor. Häufig wird im Handel die kompakter wachsende Zwerg-Zuchtform *Punica granatum* 'Nana' angeboten.
Die Blätter sind lanzettförmig, dunkelgrün glänzend und an Langtrieben wechselständig angeordnet. An Kurztrieben sind die Blätter, wie bei einer Lärche, büschelig angeordnet. Hier sind die Blattabstände deutlich geringer als an den Langtrieben.
Häufig tragen die Triebe Dornen. Junge Triebe sind meist etwas flügelkantig. Der Stamm bildet im Alter eine beige-graue, tiefrissige Borke aus. Oft ziehen sich die Rindenfurchen spiralig um den Stamm nach oben.
Die Blüten erscheinen einzeln oder zu dritt am Ende diesjähriger Triebe. Der Blütenkelch ist fleischig und scharlachrot gefärbt. Die fünf bis acht Blütenblätter sehen etwas ungebügelt aus. Im unteren Teil sind die Blütenblätter miteinander verwachsen, so dass eine trompetenartige Form entsteht. Es gibt auch Sorten mit gefüllten und solche mit weißen, gelben und gestreiften Blüten.
Die Früchte haben eine derbe Rinde und sind angefüllt mit zahllosen Samen, die jeweils von rosafarbigem Fruchtfleisch umgeben sind.

STANDORT: Den Sommer über kann man den Granatapfel im Freien an einem sonnigen Standort aufstellen. Er kann aber auch an einem hellen Fenster stehen, wobei sehr häufig gelüftet werden muss. Im Herbst verfärben sich die Blätter leuchtend gelb. Sobald das Laub abgefallen ist, sollte er an einem kühlen, luftigen Standort bei 2 bis 8 °C stehen. Ein ungeheiztes Zimmer, ein kühler Wintergarten oder ein kühles Gewächshaus sind der richtige Winterstandort. Gewährt man dem Granatapfel keine Winterruhe, bildet er kranke, dünne Triebe aus.

EXPERTEN-TIPP

Die im Fruchthandel erhältlichen Granatäpfel stammen von der zweiten Art innerhalb der Gattung *Punica*: *Punica protopunica* wird hauptsächlich auf Zypern angebaut und liefert die nach Westeuropa exportierten Früchte. Beide *Punica*-Arten können ein Alter von mehreren hundert Jahren erreichen.

GIESSEN: Im Sommer, vor allem in der Blütezeit ist der Wasserbedarf recht hoch. Im Winter hingegen hält man die Erde nur leicht feucht. Ballentrockenheit und Staunässe vermeiden! Auf beide Gießfehler reagiert der Grantapfel mit Laubabwurf.

DÜNGEN: Vom Frühjahr bis zum Herbst wird alle zwei Wochen mit Flüssigdünger gedüngt. Während der Blüte sollte man mit dem Düngen aussetzen. Durch die verstärkte Zufuhr von Nährsalzen wird der Baum gezwungen, in die Phase der Fruchtreifung überzugehen. Im Spätsommer eine kali-phosphorbetonte Düngung für die Blüten- und Fruchtbildung im nächsten Jahr durchführen. Im Winter darf nicht gedüngt werden.

UMTOPFEN: Kurz vor dem Neuaustrieb im Frühjahr wird alle zwei bis drei Jahre in eine Mischung aus Akadama, Rindentorf und Kies im Verhältnis 1:1:1 umgetopft. Beim Wurzelschnitt sollte etwa ein Drittel der Wurzelmasse entfernt werden.

SCHNEIDEN: Den ersten Neuaustrieb im Frühjahr sollte man auf sieben bis acht Blattpaare heranwachsen lassen und dann auf ein bis drei Blattpaare zurückschneiden. Ab Anfang April dürfen Sie nicht mehr schneiden, wenn Sie Blüten haben wollen. Nach der Blüte wird der Baum durch Schnitt wieder in Form gebracht. Haben sich Früchte gebildet, lässt man nur ein bis zwei reifen, da mehr Früchte die Pflanze schwächen.

DRAHTEN: Mit dem Drahten im zeitigen Frühjahr vor dem Austrieb oder direkt nach der Blüte beginnen. Alle Triebe ab 3 mm Dicke können gedrahtet werden. Dünnere Triebe knicken beim Drahten sehr schnell ab.

Neben den zahlreichen Blüten an den diesjährigen Triebspitzen hat sich auch schon eine Frucht gebildet. Nach der Blüte wird der Grantapfel durch einen starken Rückschnitt wieder in Form gebracht.

Rosmarin *Rosmarinus officinalis*

Der dicht verzweigte, immergrüne Strauch erreicht in seiner Heimat eine Höhe von 1,5 m. Die ledrigen, nadelartig schmalen, aromatischen Blätter sind bis zu 35 mm lang und 3 mm breit, ihr Rand ist nach unten geschlagen. Die Oberseite der Blätter ist rau und dunkelgrün, die Unterseite ist mit weißen Haaren bedeckt. Die weißlich-blauen Lippenblüten mit den zwei fruchtbaren Staubblättern erscheinen während des ganzen Sommers, vor allem aber im Mai und Juni. Die Blüten bilden kleine Büschel an der Spitze diesjähriger Triebe.
Die Rinde hat Braunschattierungen und löst sich faserig in Streifen ab. Es entsteht im Laufe der Jahre eine wulstige Längsbänderung.
Seit dem Altertum wird der Rosmarin wegen seiner Verwendung als Heil- und Gewürzpflanze geschätzt und kultiviert.
Die Sorte 'Angustifolius' hat nur etwa 1,5 mm breite Blätter, während die Sorte 'Albiflorus' uns mit weißen Blüten erfreut.

STANDORT: Rosmarin kann nicht ständig im Haus gehalten werden. Nach den letzten Nachtfrösten stellen wir ihn an einen vollsonnigen Standort im Freien. Im Winter ist bei 5 bis 8 °C der richtige Standort. Der Rosmarin darf aber keinen Frost bekommen.

GIESSEN: Im Sommer wird er mäßig feucht gehalten, wobei man vor einer Wässerung den Boden erst kontrollieren sollte. Ist der Boden noch feucht, wird nicht gegossen. Im Winter sollte man ihn eher etwas trockener halten, aber nicht austrocknen lassen. Staunässe wird besonders schlecht vertragen, weshalb auf eine gut Dränageschicht als unterste Bodenschicht in der Schale geachtet werden muss.

EXPERTEN-TIPP

Da der Rosmarin eine Gewürzpflanze ist, kann man die bei der Bonsai-Gestaltung anfallenden Schnitttriebe in der Küche verwenden. Natürlich dürfen solche Pflanzen nicht mit Pflanzenschutzmitteln behandelt worden sein. Rosmarin passt gut zu Fleisch- und Fischgerichten, aber auch zu Tomatensaucen oder in Essig und Öl zur Würze von Salaten.

DÜNGEN: Vom Frühjahr bis Anfang September wird alle drei Wochen Flüssigdünger gegeben. Wie bei allen Blüten-Bonsai sollte im Herbst eine kali-phosphor-betonte Düngung vorgenommen werden. Im Winter wird nicht gedüngt.

UMTOPFEN: Alle ein bis zwei Jahre wird im zeitigen Frühjahr in eine Mischung aus Akadama, Rindentorf und Kies im Verhältnis 1:1:2 umgetopft. Der Erde wird etwas Kalk beigemischt.
Beginnen die Blätter mit grünen Blattadern zu vergilben, herrscht Eisenmangel, weil der Kalkgehalt der Erde zu gering ist.

SCHNEIDEN: Obwohl der Rosmarin eigentlich ein Strauch ist, kann er durch den richtigen Schnitt in eine Baumform gebracht werden. Der Erstaustrieb wird nicht beschnitten, da die Blüten an der Spitze der neuen Triebe entstehen. Nach der Blüte wird dann kräftig bis ins alte Holz zurückgeschnitten. Alle folgenden Triebe lässt man auf etwa 5 cm heranwachsen und schneidet auf 1 cm zurück.
Durch regelmäßiges Einkürzen der Nebentriebe lassen sich schöne Astpolster ausformen. Die beim Schnitt anfallenden Triebe können in der Küche als Gewürz genutzt werden.

DRAHTEN: Das recht steife Wachstum der Triebe macht ein regelmäßiges Drahten erforderlich. Dabei lassen sich aber nur dünne, verholzte Zweige problemlos drahten. Alle dickeren Äste lassen sich wegen des harten Holzes nicht mehr biegen, ohne dabei Gefahr zu laufen, dass sie dabei brechen. Zur Not kann vorsichtig mit Spanndrähten gearbeitet werden, die man nach und nach immer stärker verkürzt.

Vor allem Miniaturbonsai lassen sich gut aus dem Rosmarin gestalten. Die Krone dieses Bonsai ist als Besenform gestaltet. Sich an der Stammbasis bildende Triebe werden sofort entfernt.

Sageretie *Sageretia thea* (früher: *Sageretia theezans*)

Aus Südchina kommt die Sageretie. Sie ist dort ein rankender Strauch von bis zu 5 m Höhe. Im Winter verliert sie je nach vorherrschender Temperatur entweder einen Teil oder alle Blätter.

Die Blätter sind klein, spitz-oval, recht dünn und grün gefärbt. Die Blüten sind kleine Rispen aus weißlichen Blütchen an der Spitze diesjähriger Triebe. Nach der Befruchtung entstehen kleine, zunächst grüne, später schwarzblaue Beeren, die nach der Reife relativ schnell abfallen. Blüten und Beeren erscheinen nur, wenn die neuen Triebe zunächst unbeschnitten bleiben. Die Rinde nimmt im Laufe der Jahre eine interessante Scheckung an. Ältere Rindenteile werden in unregelmäßigen Platten, ähnlich wie bei einer Platane, abgeworfen, wodurch die darunter liegenden helleren Rindenpartien erscheinen.

Im Austrieb sind die jungen Blätter bronzefarben.

STANDORT: Im Sommer kann ein heller und luftiger Fensterplatz oder besser ein vollsonniger Standort im Freien gewählt werden. Im Winter braucht die Pflanze eine Ruhephase bei Temperaturen von 2 bis 10 °C. Bei wärmerer Überwinterung beginnt die Sageretie zu kränkeln und wird leicht von Parasiten befallen.

GIESSEN: Vom Frühjahr bis zum Herbst braucht sie viel Wasser, wobei Staunässe vermieden werden muss. Bei kühler Überwinterung lässt man die Erde leicht antrocknen, bevor gegossen wird. Jetzt aber auf jeden Fall Ballentrockenheit vermeiden.

DÜNGEN: Vom Frühjahr bis zum Herbst sollte man alle zwei Wochen Flüssigdünger geben. Im Winter wird bei kühler Überwinterung nicht gedüngt.

EXPERTEN-TIPP

Bei allen Pflanzen kann man anstelle von Flüssigdünger auch japanischen Kugeldünger verwenden. Die auf die Erde gelegten Düngerkugeln werden während der Wachstumszeit nach etwa vier Wochen entfernt und durch neue ersetzt. Die aus den Düngekugeln aufgeschlossenen Nährstoffe werden der Pflanze viel schonender zur Verfügung gestellt als bei einem Flüssigdünger.

UMTOPFEN: Im zeitigen Frühjahr wird alle ein bis zwei Jahre in eine Mischung aus Akadama, Rindentorf und Kies im Verhältnis 2:2:1 mit einem Wurzelschnitt umgetopft.

SCHNEIDEN: Im Winter werden alle trockenen und die Form störenden Äste und Zweige entfernt. Überlange Zweige werden eingekürzt.

Den Neuaustrieb lassen wir wachsen, bis die Triebe am Ansatz auszuhärten beginnen, und schneiden dann auf zwei bis drei Blätter zurück. Wichtig ist, dass senkrecht nach oben wachsende Triebe entfernt werden, da sie das Wachstum anderer Triebe unterdrücken. Eine weniger ausgewogene Verzweigung wäre die Folge. Will man die Blüten haben, wird erst nach der Blüte beschnitten.

DRAHTEN: Neue Zweige werden erst gedrahtet, wenn sie leicht verholzt sind. Dicke Äste lassen sich wegen der Härte des Holzes nicht mehr biegen, daher sollte man möglichst früh mit der Gestaltung beginnen.

Eine alte Sageretie mit knorrigem Stamm: Häufig werden solche Bonsai durch einen starken Rückschnitt einer größeren Pflanze gestaltet. In diesem Beispiel ist die Gestaltung besonders gut gelungen.

Baum der tausend Sterne *Serissa foetida*

Südchina und die warmen Regionen Japans sind die Heimat der *Serissa*. Unter den Botanikern wird diskutiert, ob zu dieser Gattung nur eine oder drei Arten zählen. In ihrer Heimat wächst die *Serissa* als kleiner Strauch bis zu 1 m Höhe. Sie hat schmale, elliptische, wechselständige, dunkelgrüne Blätter. Bei der Sorte 'Variegata' sind die Blätter grün-weiß gescheckt. Die Größe der Blätter liegt bei 2 bis 3 cm. Die rein weißen oder leicht rosa Röhrenblüten erscheinen das ganze Jahr über in den Achseln der Blätter. Die Hauptblütezeit ist aber im Juni, was ihr auch den Namen „Junischnee" einbrachte. Die Rinde ist gräulich-weiß und löst sich in dünnen Streifen ab. Der Stamm braucht viele Jahre, bis er einigermaßen dick geworden ist. Zerreibt man Blätter oder Rindenteile zwischen den Fingern, wird ein unangenehmer Geruch verströmt. Dieses Merkmal brachte der Pflanze den Artnamen „*foetida*" ein. Der Name bedeutet übersetzt „die Stinkende".

Als Bonsai ist die *Serissa* zwar sehr beliebt, aber relativ schwer zu pflegen. Auf jegliche Pflegefehler oder abrupte Standortwechsel antwortet die *Serissa* mit dem Abwurf von Blättern. Nach kurzer Zeit treibt sie aber meist wieder aus.

STANDORT: Ab Mai bis Ende September steht sie an einem hellen, vor praller Sonne geschützten Platz im Freien oder an einem luftigen Fensterplatz. Im Winter sollte sie bei 2 bis 8 °C untergebracht werden. Die Pflanze kann weder ganzjährig im Zimmer gehalten werden, noch verträgt sie Frost. Für die Überwinterung brauchen wir entweder ein ungeheiztes, aber helles Zimmer, oder ein kühles, frostfreies Gewächshaus.

GIESSEN: Das ganze Jahr über den Wurzelballen feucht halten, wobei Staunässe vermieden werden muss, da sonst ganze Pflanzenpartien, absterben können.

DÜNGEN: Die *Serissa* verträgt am besten organischen Dünger. Kugeldünger wird vom Frühjahr bis zum Herbst verabreicht. Alternativ kann sie auch alle zwei Wochen mit einer 0,1%igen Düngerlösung versorgt werden. Hier ist es wichtig, dass die Düngerlösung nicht auf den trockenen Wurzelballen aufgebracht werden darf. Am besten wird am Tag vor der Düngergabe gut gegossen.

UMTOPFEN: Im März wird alle zwei bis drei Jahre in eine Mischung aus Akadama, Rindentorf und Kies im Verhältnis 1:1:1 mit einem leichten Wurzelschnitt umgetopft. Es sollte nicht mehr als ein Drittel des Wurzelballens entfernt werden.

SCHNEIDEN: Alle zwei bis drei Jahre schneiden wir im zeitigen Frühjahr ins alte Holz zurück, damit der Baum kompakt bleibt. Man schneidet also bei den Ästen und Zweigen bis auf den Bereich zurück, der vor zwei Jahren gebildet wurde und damit verholzt ist. Neue Triebe mit vier bis acht Blattpaaren werden auf ein bis zwei Blattpaare zurückgeschnitten.

Häufig bilden sich am Stamm oder am Wurzelansatz neue Triebe, die die Form stören. Solche Triebschösslinge werden möglichst schnell direkt am Ansatz entfernt. Geschieht das nicht, wächst die *Serissa* recht schnell in die mehrstämmige, für Sträucher typische Form aus.

DRAHTEN: Neue Triebe werden nur gedrahtet, wenn sie gut verholzt sind, und zwar im Herbst. Ältere Baumteile können immer gedrahtet werden, wobei man wegen der empfindlichen Rinde sehr vorsichtig arbeiten sollte. Leicht wird beim Anlegen des Drahtes ein Rindenabschnitt vom Holz abgehoben und stirbt dann ab. Unschöne Narben, die nur schlecht verheilen wären die Folge. Der Draht wird nach einem halben Jahr entfernt, weil er dann häufig schon einzudrücken beginnt.

Die meisten im Handel angebotenen Serissa sind recht kleine und einfach gestaltete Bäume. Nach vielen Jahren der Gestaltung erhält man aber auch ein solch großes Prachtexemplar als Bonsai.

Chinesische Ulme *Ulmus parvifolia*

Die Ulmen sind, meist als mächtige Bäume, mit etwa 30 Arten über die gesamte nördliche Halbkugel verbreitet. Normalerweise sind sie sommergrün, werfen also im Herbst nach einer entsprechenden Färbung die Blätter ab.

Die einzige Ulme, die als Kalthauspflanze zu pflegen ist, ist die halbimmergrüne Chinesische Ulme. Sie hat ihr Verbreitungsgebiet in Südchina, Korea und Japan und wird dort bis zu 20 m hoch. Die Krone ist kugelförmig und dicht verzweigt. Je nach Standort wirft sie im Herbst ihr Laub teilweise oder ganz ab. In wärmeren Regionen ist sie immergrün. Die Blätter sind 5 cm lang, eiförmig bis elliptisch und ledrig. Die Blattform ist für die Ulmen typisch an der Basis unregelmäßig rund und damit um den Mittelnerv herum nicht achsensymmetrisch. Die Oberseite ist glänzend hellgrün, die Unterseite ist leicht behaart. Die Blattränder haben 30 bis 50 Zähnchen.

Die Blüten erscheinen als achselständige Büschel im August oder September. Die Früchte sind kleine Nüsschen, die von einer elliptisch eiförmigen Flughaut umgeben sind und erst sehr spät im Jahr reifen. Die Rinde ist entweder glatt, grau und sich kleinschuppig ablösend oder mit tiefrissiger Borke.

Standort: Der beste Standort ist vom Frühjahr bis zum Herbst an einem sonnigen Platz im Freien. Sie kann aber auch an einem hellen, luftigen Fenster im Haus stehen. Im Winter ist ein Standort bei 6 bis 10 °C anzuraten. Die Ulme verliert dann ihr Laub. Bei wärmerer Überwinterung bleibt das Laub erhalten, die Pflanze wird aber geschwächt und krankheitsanfälliger. Von einer ständigen Haltung in einem geheizten Zimmer ist somit abzuraten.

Giessen: Den Boden leicht antrocknen lassen und dann reichlich gießen. Weder Ballentrockenheit noch Staunässe werden vertragen und mit vorzeitigem Laubabwurf und Triebsterben beantwortet.

Düngen: Auch hier sollte mit organischem Dünger gearbeitet werden. Kugeldünger wird vom Frühjahr bis zum Herbst gereicht und alle vier Wochen erneuert. Die neuen Düngekugeln legt man an anderer Stelle auf den Boden als die vorherigen Kugeln.

Arbeitet man lieber mit Flüssigdünger wird in der Wachstumszeit alle zwei Wochen gedüngt.

Bei kühler Überwinterung wird im Winter nicht gedüngt.

Umtopfen: Alle zwei bis drei Jahre wird im zeitigen Frühjahr in eine Mischung aus Akadama, Rindentorf und Kies im Verhältnis 2:1:1 mit einem kräftigen Wurzelschnitt umgetopft. Es kann der Wurzelballen um die Hälfte reduziert werden.

Schneiden: Im Winter wird die Form überarbeitet. Alle falsch stehenden, abgestorbenen und überlangen Triebe werden entfernt beziehungsweise eingekürzt. Jetzt lassen sich auch gut dickere Äste herausschneiden. Nach dem Entfernen solcher Äste sollten die Wunden mit einem Wundverschlussmittel abgedeckt werden. Der Neuaustrieb wird bei zehn bis zwölf Blättern auf zwei bis drei Blätter zurückgeschnitten. Man arbeitet so langsam ein System kürzerer Nebentriebe aus (das gilt vor allem für die Triebe auf den Astoberseiten). Mit kürzeren Nebentrieben lassen sich gut Laubpolster aufbauen. Rechtzeitiger Rückschnitt ist erforderlich.

Drahten: Im laublosen Zustand lassen sich die Triebe im zeitigen Frühjahr gut durch Draht formen. Mit dem Anschwellen der neuen Knospen ist der richtige Zeitpunkt erreicht. Bei der glattrindigen Sorte sollte man vorsichtig beim Drahten arbeiten, um die Rinde nicht zu verletzen. Nach etwa einem halben Jahr beginnen wir mit der Kontrolle der Drahtung und sobald der Draht einzudrücken beginnt, wird er entfernt.

Die hohe, achteckige Schale mit ihrer dunklen Glasur bildet ein optisches Gegengewicht zu dem kräftigen Stamm und den gewundenen Oberflächenwurzeln der Chinesischen Ulme in geneigter Form.

Bezugsquellen

Geeignete Bonsai-Pflanzen, Schnittwerkzeuge und Zubehör bekommen Sie im Bonsai-Fachhandel, in Gartencentern oder auch in Baumschulen. Sie finden die Adressen in Ihrem Branchenfernsprechbuch oder auf der Homepage des Bonsai-Clubs Deutschland e.V.:
www.bonsai.org
www.bonsai-club-deutschland.de
Sie können sich zudem in einschlägigen Gartenzeitschriften über das Angebot von Pflanzenversendern und speziellen Anbietern informieren.

Kosmos Büchertipps

Prescott, D.: Das Bonsai Handbuch. 2002
Stahl, H.: Bonsai – Die Hohe Kunst. 2006
Stahl, H.: Bonsai – Vom Grundkurs zum Meister. 2001
Stahl, H. u. Rüger, H.: Bonsai – Gestalten, Pflegen, Porträts. 2005
Stahl, H. u. Rüger, H.: Bonsai aus heimischen Bäumen selbst gezogen. 2006

Register

Die **halbfett** markierten Seitenzahlen verweisen auf Abbildungen.

Mit 83 Farbfotos von
Helmut Rüger, Schöneck.

Mit 17 Illustrationen von
Ruth Fritzsche, Offenburg: 23;
alle anderen von Wolfgang Lang,
Grafenau-Döffingen.

Alle Angaben in diesem Buch sind sorgfältig geprüft und geben den neuesten Wissensstand bei der Veröffentlichung wieder. Da sich das Wissen aber laufend in rascher Folge weiterentwickelt und vergrößert, muss jeder Anwender prüfen, ob die Angaben nicht durch neuere Erkenntnisse überholt sind. Dazu muss er zum Beispiel Beipackzettel zu Dünge-, Pflanzenschutz- bzw. Pflanzenpflegemitteln lesen und genau befolgen sowie Gebrauchsanweisungen und Gesetze beachten.

Umschlaggestaltung von Atelier Reichert, Stuttgart, unter Verwendung von zwei Fotos von Helmut Rüger, Schöneck (Hauptbild) und Gartenschatz, Stuttgart (Einklinker).

Gedruckt auf chlorfrei gebleichtem Papier

2. Auflage

ISBN 978-3-440-11439-1
Redaktion: Carolin Krank
Produktion: DOPPELPUNKT Auch & Grätzbach GbR, Stuttgart
Grundlayout: Dietmar Grashoff, Lahr
Printed in Italy/Imprimé en Italie

Für Bonsai-Liebhaber

Horst Stahl
Bonsai – Die Hohe Kunst
256 Seiten, 320 Abbildungen
€/D 49,90; €/A 51,30; sFr 86,–
Preisänderungen vorbehalten
ISBN 978-3-440-10670-9

- Eine exzellente Kombination aus Bildband und Arbeitsbuch für jeden Bonsai-Liebhaber.
- Bonsai als Philosophie und Kunstform ist genauso ein Thema wie Pflege, Techniken zur Gestaltung, Präsentation und Bewertung der Baumkunstwerke.
- Ein einmaliges Buch mit fantastischen Fotos von über 150 außergewöhnlichen Bonsai.

www.kosmos.de

KOSMOS

Von Experten: die besten Tipps

Throll/Kiermeier (Hrsg.)
Das Kosmos Handbuch Gartengehölze
256 Seiten, über 800 Abbildungen
€/D 24,90; €/A 25,60; sFr 44,90
Preisänderungen vorbehalten
ISBN 978-3-440-09700-7

- Gesammeltes Expertenwissen zu 1.500 Bäumen und Sträuchern – die neuesten, beliebtesten und robustesten Arten und Sorten im Porträt.
- Prächtige Blüten und ungewöhnliche Blattformen, leuchtende Herbstfärbung und interessante Rinden.

KOSMOS

www.kosmos.de